歐利根
哲學
神學導論
哲學系課堂裡沒教的課

五南圖書出版公司 印行

羅月美————著

歐利根哲學

神學導論
哲學系課堂裡沒教的課

五南圖書出版公司 印行

羅月美————著

僅將此書獻給我已經過世的父母
羅亞九先生與黃蘇妹女士

目　錄

為歐利根大師繪新像、解舊謎！

鄭仰恩

　　羅月美老師所撰寫的《歐利根哲學神學導論》一書要出版了，可喜可賀。這是一本很不容易寫的書，然而，月美老師不但完成了，而且寫的非常好，我大力推薦。

　　不過，先來談談我對歐利根的認識。過去三十年來，我在臺灣神學院及其他幾間神學院教授「基督教史」時，都會特別安排一個單元介紹歐利根（Origen，西元 185-254 年，我比較習慣稱他為「俄利根」），並將他放在初代基督教世界裡兩大神學學派的脈絡裡來加以介紹。這兩個學派一個是位於埃及的亞歷山大學派，一個是位於敘利亞的安提阿學派。亞歷山大學派裡較早成名的學者是革利免（Clement，西元 150-215 年），但後來集大成的則是歐利根，他們兩位也被歸類為古大公神學家（Old Catholic Theologians），或稱為「反諾斯底派的教父」（Anti-Gnostic Fathers）。另一方面，他們所運用且加以轉化的諾斯底思想卻又常常引起基督教思想家的側目與爭論。

　　在這篇推薦序裡，我先將過去教學的講義整理一下，簡要介紹亞歷山大學派以及歐利根的生平與思想，之後再來說明月美老師這

本新書的敘事架構及重要貢獻，讓讀者們可以更具體認知本書的獨到之處。

亞歷山大學派及革利免

首先，位於埃及尼羅河口的亞歷山大城（Alexandria）是希臘化猶太教徒、新柏拉圖主義者、諾斯底派，以及正統基督徒混雜居住的城市，是羅馬帝國治下的最重要學術中心，不但有不同宗教及哲學派系的學者們群聚交流，更擁有當時地中海世界裡藏書最豐的圖書館。傳統上，多數學者都認定潘代努斯（Pantaenus）於西元 180 年左右在亞歷山大設立一所教理問答學校（Catechetical School），也有學者稱之為「基督教史上的第一所神學院」。

到了他的學生革利免時，就企圖要在該地建立一個正統（屬於教會系統）的諾斯底主義，和當時盛行的諾斯底派抗衡。在他的三本主要著作——《勸勉》（*Exhortation*）、《教師》（*Tutor*）及《雜文集》（*Miscellanies*）——裡都強調「基督徒應追求完全」，並區分「單純基督徒」與「真正的諾斯底（"true Gnostic"）」的差別。

革利免引用保羅所主張「律法是啟蒙的師傅」（加拉太書3.24）的觀點，主張正如律法可以引領猶太人認識基督，那麼哲學就會成為引領希臘人認識基督的師傅，這可以說延續了早期護教家如猶斯丁（Justin Martyr）以及雅典納哥拉斯（Athenagoras）的「洛各思基督論」（Logos Christology）的路線。同時，革利免也主張寓意解經法（allegorical interpretation）是解釋聖經的主要方法，而基督徒的理想就是成為「諾斯底禁慾者」（Gnostic ascetic），目標是「成為像上帝一樣」（becoming like God）。

歐利根的生平

　　接續革利免的是歐利根，他出生於亞歷山大城的基督教家庭，可能是埃及人。從小接受嚴格的哲學訓練，他和普羅丁（Protinus）都在新柏拉圖派名師阿摩尼烏斯（Ammonius Saccas）的門下受教。他很早就開始過禁慾生活，父親 Leonidas 殉道時他才十二歲，很想跟著殉道，因被母親阻止才作罷；他也曾遵從馬太福音 19:12 的教導而自閹，後來似乎反悔（亞歷山大主教德米特里烏斯〔Dimetrius〕因而認定他不適合擔任神職）。

　　歐利根十八歲時，德米特里烏斯任命他爲教理問答學校校長，在教學之餘，他於西元 230 年寫作《論第一原理》（*De principiis, On First Principles*），是反諾斯底派思想的重要作品。同年，凱撒利亞（Caesarea）主教授予他聖職，這引起德米特里烏斯的怨妒，此後終其一生歐利根大多住在凱撒利亞（該地爲拉比猶太教〔Rabbinic Judaism〕的重要學術中心）。此一階段，他編輯了《聖經六版並排》（*Hexapla*），成爲當時「聖經批判學」的重要工具書，也寫了不少的講道篇、祈禱文、殉道故事、護教書等，但主要作品以聖經釋義爲主，研究範圍幾乎包括整本聖經，但現多已散失，尚存者有馬太及約翰福音、羅馬書、雅歌，以及經文合編（harmony）等，他的基本釋經原則包括文意（literal）、倫理意（moral），以及寓意（allegorical or anagogical），但以後者爲主。

　　據估計，歐利根的作品總數超過六千件，之所以能夠大量寫作，是因爲有一位富商安波羅修斯（Ambrosius）提供他七個祕書及七個抄寫員。到了西元 250 年，他在德修（Decius）皇帝的迫害期間被關在泰爾（Tyre），之後雖被釋放，但於 253-254 年間離

世，因此也有人視其爲殉道者。他到過世之前都持續擔任聽告司鐸
（confessor）。

歐利根的思想

　　毫無疑問的，歐利根是介於保羅和奧古斯丁之間最重要的神
學家，初代教會不少重要的東方思想家，包括被判爲異端的亞流
（Arius）、正統神學家亞他那修（Athanasius），以及卡帕多西亞
教父（Cappadocian Fathers）等都曾經是他的學生，他也深深影響
了西方神學家如希拉利（Hilary of Poitiers）和安波羅修（Ambrose
of Milan）等。

　　整體而言，歐利根的聖經解釋是受到希臘化猶太教的影響，
宇宙觀是受到新柏拉圖主義的形塑，拯救觀則是受到諾斯底派的影
響。他的神學基本上調和了基督教信仰及中期伯拉圖主義（middle-
Platonism）。在《論第一原理》一書裡，他討論廣泛的教義主題，
包括「上帝和屬天存有」、「人和物質世界」、「自由意志及其結
果」、「《聖經》」等。在人觀方面，他和諾斯底派大師華倫提諾
（Valentinus）一樣，將人的存在分爲屬肉體的（somatic）、屬魂
的（psychic），以及屬靈的（pneumatic）三種，成爲屬靈人是最
高的目標。

　　對他而言，基督徒可以分爲兩種：一種是單純的，只要相信
「耶穌爲我們釘十字架」就夠了，另一種則是追求完全的，不斷努
力提昇自我並默想「那與上帝同在的話語（Word）」。換句話說，
這些追求完全的基督徒可以通過研讀聖經來改造其人性，從屬肉體
進到屬魂再進到屬靈，這包括三個階段，也就是從異教世界進入到

基督信仰，再從初階的信仰進入到真知識（*Gnosis*）。對歐利根而言，得到真知識的過程就是指潔淨的靈魂參與在上帝話語的智慧裡，並藉著神化（Deification）的過程與基督聯合。

事實上，這也是一個從自然世界進入到超自然世界的進程，先是由聖靈（Holy Spirit）改變人心，接著是從聖子洛各斯（Son the *logos*）認識真理，最後則是參與在聖父上帝的神聖生命裡。這也將我們帶入歐利根的三一上帝觀（Trinity），他先從創造者上帝的「單一」（unity）及「超越性」（transcendence）談起，然後分別論及三個有位階的存在（three graded beings）。首先，在歐利根的觀點裡，只有創造者上帝是絕對的，是永恆自存的（*autotheos*）。其次，聖子耶穌也是神（*theos*），是在永恆中生出的（eternally generated），並成為上帝和世界之間的連結；上帝是單一的，但聖子卻是多元的（multiplicity），因此可以和世界和人類產生互動。簡言之，作為話語的聖子成為「不可言說的那一位」（the unspeakable One）和「世界的多元性」（the multiplicity of the world）之間的中保與媒介。最後，聖靈也是「永恆的」、「神聖的」，是「從父而出」（proceeds from the Father），但歐利根並未清楚陳明聖靈與上帝的關係。

值得注意的是，歐利根的思想裡有幾個不清楚且引發爭議的論點。首先，他主張「世界是永恆的」，因為上帝只能由「既存的世界」開始工作。同時，他也藉著《創世紀》裡的兩個「創造故事」來主張上帝同時創造了「純粹理性的世界」（world of pure intellects）和「可見的世界」（visible world)，而後者存在的目的是為了「懲罰墮落的靈魂」。其次，歐利根主張「靈魂先存說」，事實上，有關「靈魂以及它們之命運」的理論是歐利根最受爭議之

處。他否定「肉體復活」的信念，認爲靈魂是在淨化過程中不斷再生（reincarnation）；他因而主張「既沒有天堂也沒有地獄，只有宇宙及其存有的不斷教育與淨化，直到上帝再一次成爲萬有中的萬有（all in all）」。同時，對他來說，因犯罪而「墮落」的靈魂都被囚禁在肉體裡，必須通過不斷的淨化與提昇，直到所有的被造物——包括魔鬼在內——都在最後的「普世性復興」（*Apokatastasis*, universal restoration）裡成爲完全並得到救贖爲止。

我們看到，歐利根最常爲人所詬病的教義包括：世界的永恆性、靈魂的先存性和再生、未來諸世界的存在，以及魔鬼的最終救贖。然而，因爲我們缺乏歐利根的大多數原典，他的許多爭論性觀點其實不容易加以斷定，到底是他自己的主張，或是他的假設推想，或他只是在引用其它思想家的論點，難以確認。對於其後歸諸於他的「歐利根主義」（Origenism) 在第四世紀末以後一再被教會的大公會議所「譴責」，我們只能說是「不幸」！可以確定的是，到歐利根過世的時候，基督教在異教世界裡已經不再是居守之勢，而是一個兼有智識和啓示的信仰。歐利根將異教帝國的思想基督教化，將希臘哲學轉變成教會的哲學，這應該是他最大的貢獻；稱歐利根爲基督教的第一位大師，應可確認。

安提阿學派

最後我們也來談一下另一個重要的神學學派——安提阿學派（Antiochene School）。相較於受到柏拉圖思想以及埃及神祕主義影響的亞歷山大學派，安提阿學派比較受到亞里斯多德思想的影響，重視歷史和倫理實踐。在《聖經》解釋方面，他們著重歷史層

面和作者所要呈現的意義，且不強調經文的隱藏意義（寓意）。帶著強烈的語意學興趣（philological interest），他們更重視經文的準確意涵。此外，他們也傾向於強調人本身的倫理實踐，如同斯多噶派和羅馬學派一樣，他們重視倫理／人格論（ethical-personalistic），大過於對神祕／本體論（mystical-ontological）的興趣。

安提阿學派的代表人物包括撒摩撒他的保羅（Paul of Samosata）、安提阿的路西安（Lucian of Antioch）及優斯他丟（Eustathius of Antioch）、大數的狄奧多（Diodore of Tarsus）等，集大成的人物則是摩普綏提亞的提阿多若（Theodore of Mopsuestia）。另外，出名的講道家金口約翰（John Chrysostom）也常被歸類於安提阿學派。

值得注意的是，因為歐利根前期在亞歷山大擔任教師，後期則活躍於凱撒利亞，地緣上趨近於安提阿，他的思想可能也對部分安提阿學派的思想家有所影響。學者早已指出，相較於在亞歷山大的神學家們具有相當的「同質性」，在安提阿的神學家卻分為兩個陣營，一群是和亞歷山大立場一致的希臘派，一群則是較典型的安提阿派。也因此，亞歷山大學派總是自主發展，而安提阿卻成為兩派紛爭不斷的戰場。

本書的獨特貢獻

以上是我將過去的講義加以整理後所呈現的歐利根圖像，算是簡要版，提供給讀者參考。接下來，我要在這個簡要版的基礎上來介紹月美老師的貢獻。

首先，從敘事架構來看，月美老師在導論裡先討論「什麼是哲

學？」並指出哲學家一詞的原意是「智慧的愛好者」，也可以進一步延伸為「愛上帝的人」。在尋求智慧的過程裡，奧祕與理性並不對立，上帝的智慧／話語可以帶來靈魂的淨化，因此，作為上帝的「道」（*logos*）的基督就是生命、智慧與真理的源頭。由此出發，月美老師切入希臘哲學家的討論，並分析理論及技藝與經驗的關係，最後帶出哲學與神學的不可切割關係，並提出「作為哲學的神學」的結論。這個討論非常精彩，可以說定義了哲學就意指著「對上帝的追求」("the quest for God")，而神學就是哲學的底蘊。*

接著，本書的前三章分別介紹〈早期基督宗教哲學〉、〈歐利根的生平〉、〈基督徒歐利根和他的老師阿摩尼烏斯〉這幾個重要的核心主題，之後，月美老師在第四章探討〈歐利根與奧古斯丁〉。在這章裡，古代基督教世界裡最重要的兩位大師面對面了，在過去的基督教歷史傳統裡，奧古斯丁往往被過度高舉，而歐利根則是被過度貶抑，加上奧古斯丁確實曾在《上帝之城》裡譴責歐利根的《論第一原理》，這更讓我們產生兩者對立的印象。藉助深受歐利根影響的安波羅修為中介，月美老師成功地確立了歐利根對奧古斯丁有著深刻影響的論述，特別是奧古斯丁曾經從歐利根的作品裡借用柏拉圖主義的思想。月美老師也藉助歐利根、安波羅修及奧古斯丁對《創世紀》一章一節的詮釋，證明他們的觀點是相似的。至於奧古斯丁對歐利根的指控，則可能是出於對「永世」及「永恆」這兩個希臘文的誤譯，這也可說是為歐利根平反、翻案。

進入第五章的〈歐利根與耶柔米〉，論述雖簡短，月美老師藉

---

* 參 E. R. Dodds. *Pagan and Christian in an Age of Anxiety: Some Aspects of Religious Experience from Marcus Aurelius to Constantine* (Cambridge: Cambridge University Press, 1965).

助耶柔米與盧非努斯（Rufinus）的爭辯以及對歐利根的不同評價，對其中的誤解與譴責做出了澄清。到了第六章的〈伊拉思模斯對歐利根的接待〉，月美老師指出伊拉思模斯深受歐利根影響，並為其作傳，且稱其為「具有堅定意志的人」，可說是對歐利根表達友善及肯定。

　　就以上的敘事結構來看，本書可說是一本對歐利根的思想作出跨越時空之研究的「效應史研究」（Wirkunggeschichte/Rezeptionsgeschichte），非常難能可貴。

　　其次，除了相當完整的敘事結構之外，本書在前三章裡也有不少的亮點。在第一章的〈早期基督宗教哲學〉裡，除了介紹這所第一間基督徒學校的特色（「教授」與「討論／辯論」相輔相成）之外，更為我們整理出歷任校長的名單。在第二章的〈歐利根的生平〉裡，除了詳實介紹前後兩個時期的工作之外，更點出幾個有趣的問題，包括「歐利根是希臘人還是埃及人？」以及「是否有兩位歐利根呢？」最後，在第三章的〈基督徒歐利根和他的老師阿摩尼烏斯〉裡，除了持續「兩位歐利根」的討論外，還進一步探討「是否有兩位阿摩尼烏斯呢？」的有趣問題。儘管這兩位師徒都仍是「謎樣的人物」，但藉助與當代學者的對話，月美老師已經詳盡地為我們做出分析和探索。

　　整體而言，月美老師在本書裡除了引介不少新近二手專書的研究成果外，也自行解讀了部分的一手原典，是兼具一手及二手研究的專書。最重要的，本書為基督教的第一位神學大師歐利根繪新像，呈現出一幅更完整、更清晰的圖像，同時，它也為我們解析和歐利根相關的一些舊謎題，更帶出了跨越時空的效應史研究，非常精彩，我大力推薦！

推薦序二

關永中

　　教父時代，希臘教區與拉丁教區分別雄據東、西各一方。兩地英才濟濟、名家輩出。若須各自選出其代表人物，西方自會以奧古斯丁（Augustine of Hippo，西元 354-430 年）為拉丁教父榜首，而東方則無異議地以歐利根（Origen，西元 184-254 年）為希臘教父翹楚。但可惜的是，歐利根並沒有獲得如同奧古斯丁般的重視；更兼歐氏學說被教會貶為異端之際，其著作遂被冷落多年，直至近世以降，才漸有聲浪對其思想作重新的檢討。

　　欣逢五南圖書出版社推出這一部著作面世，讓國人也可以對歐利根研究有進一步的依據。姑且不論教會是否仍堅持其思想為異端，就站在純粹哲學立場而言，歐利根學說誠屬可與中國文化、佛學論述、當代生化科學、心理學、超心理學、精神科醫學、前世今生催眠療癒法等相關領域對話而各自有所獲益。

　　固然最為基督宗教人士一直以來所詬病的學說，莫過於歐利根的「普世救援主義」（Universalism），其主張神按照其理想計畫，預備把宇宙萬物從尚未成全的狀態，歷經多次的沉淪與提升，最終將獲致究極的圓滿成全，其中包括物界的美善與缺陷，人世間個體的「靈、魂、體」之造就與墮落，以及靈界的天使與魔鬼的升

沉復歸，萬有最終都可在歷盡起伏浮沉、輪迴轉世之後，達致圓滿的光輝和復活的轉化，完美地融貫了創生、保荏、救贖的整全計畫，吻合了至尊三位一體的上主之意向。這一條思路，已有條理地描繪在歐利根的代表作《論首要原理》（*On the First Principle*）內；而目前本書，會是一本有價值的參考資料，由羅月美教授成功地寫出來，爲國內讀者做出很大的貢獻，我們爲此向她慶賀，並感謝五南出版社的協助編排。

　　此外，爲具有基督宗教信仰的弟兄們，茲有以下的建言提供：歐利根思想若爲信友們帶來疑慮或困擾，可權宜地予以擱置，以免讓它成爲絆腳石。但若能退一步只以它作參考資料或反面教材，或許可發現歐氏學說並非全然無的放矢，他至少有使徒保祿的書信作藍本，例如：《哥羅森書》—13～23：

> 感謝⋯⋯天父，因為是祂由黑暗的權勢下救出了我們，並將我們移置在祂愛子的國內，我們且在祂內得到了救贖，獲得了罪赦。祂不可見的天主的肖像，是一切受造物的首生者，因為在天上和在地上的一切，可見的與不可見的，或是上座者，或是宰制者，或是率領者，或是掌權者，都是在祂內受造的；一切都是藉著他，並且是為了祂而受造的。祂在萬有之先就有了，萬有都賴祂而存在；⋯⋯因為天主樂意叫整個的圓滿居在他內，並藉著祂使萬有，無論是地上的，是天上的。都與自己重歸於好，因著祂十字架的血立定了和平。⋯⋯這福音已傳與天下一切受造物，我保祿就是這福音的僕役。（思高本）

—— 關永中
臺大哲學系退休教授
新北市新店
2024 年 3 月 30 日

作者序

柏拉圖主義者歐利根哲學神學導論

一堂哲學系課堂裡沒教的課

羅月美・中原大學通識教育中心副教授

　　歐利根的思想在臺灣的哲學界從未被討論過，也未被真正地重視過，更不用說在大學哲學系的課堂裡講述了。但是它的重要性卻遠非筆墨所能形容，因為沒有研究過他的思想，就不能登上新柏拉圖主義的殿堂，更遑論要進入奧古斯丁與中世紀思想的內室。

　　隨著新冠肺炎對全世界所造成的極大影響以及俄羅斯對烏克蘭的戰爭對世界的衝擊，臺灣的國際地位逐漸受到歐美各國的重視。在臺灣與歐美各國的經貿與學術往來之中，其中文化與信仰卻是扮演極大的角色。歐利根的思想深深地影響著歐洲國家，尤其對東正教的思想更是難以道盡。而臺灣出版有關他的思想的書籍卻是寥寥無幾，除了五南出版社於 2020 年 5 月出版的《歐利根駁斥柏拉圖》一書之外，在臺灣的出版物裡幾乎很難找到第二本有關歐利根的專書，因此，對他有興趣的讀者往往對他的思想不得其門而入。在哲學史上到底是有一個歐利根還是兩個歐利根的討論，在歐美國家已經被廣泛與詳細的研究過了。但這個議題在臺灣的學術界始終付之闕如，本書就是試圖補足這個議題。

　　我們知道亞歷山大城是中期柏拉圖主義者與新柏拉圖主義者的搖籃，它對西方學術的影響占有舉足輕重的地位。如果沒有亞歷山大大帝對這座城市的貢獻，早期基督宗教哲學神學就不可能在這座城市裡成形發展，並影響了後來的奧古斯丁的思想以及中世紀的哲學神學。研究歐利根的哲學神學，除了要具備有豐富的古希臘哲學的知識，尤其柏拉圖的哲學之外，更重要的要掌握希臘文與拉丁文的能力。思想是透過語言表達，無法掌握歐利根所使用的語言，就難以進入到它的深奧的思想，而導致對他的思想詮釋上的許多問題。

　　歐利根在他還活著的時候是一位受人尊重的釋經家，可是在第二次大公議會時，他的思想被教會判為異端，尤其他的魂的先存概念引起基督教界的許多討論。他的作品在他被判為異端之前就已經從希臘文翻譯為拉丁文，他的希臘文原著很大部分已經遺失。或許由於這個原因，導致後來人們對他的思想的詮釋有許多不同的見解。今天我們能夠研究他的思想很多地方都依賴於拉丁文的翻譯。儘管如此，他的哲學神學不僅影響了奧古斯丁，更深深地影響了東正教，並與馬丁‧路德的思想有所連繫。本書首先介紹哲學與他的思想的關係，接著是他的生平，然後逐步進入他的哲學神學思想，並闡述他對奧古斯丁思想與耶柔米的影響，最後是伊拉思謨斯對他的思想的接受。

　　全書一共有六章，從導論對什麼是哲學的探討，進入到第一章對早期基督宗教哲學的分析，再進入到第二章歐利根的生平，第三章是本書的重要核心篇章，討論到底在哲學史上有一位歐利根，還是兩位歐利根的存在，接著依時間順序在第四章裡討論歐利根與奧古斯丁的關係，之後進入到第五章中世紀時期他的思想對耶柔米的

影響，最後一章討論中世紀晚期與馬丁・路德有過一場對基督宗教自由意志激烈辯論的伊拉思謨斯對歐利根的接受。所以基本上這是一本簡單的入門書。

致謝辭

　　為這本書寫致謝辭讓我思考了將近半年才動筆。到底我要如何下筆呢？此刻我坐在捷克的國家圖書館裡思索著，我決定要動筆把這本書誕生的故事說出來。

　　這本書的出版可以說是偶然的。它的偶然性要歸功於國家科學委員會多次的否決了我的「一個歐利根，還是兩位歐利根」的研究計畫申請。我第一次申請這個計畫時，是邀請德國波昂大學（Universität Bonn）古典哲學與實踐哲學的專家克里斯多夫・霍恩教授（Prof. Christoph Horn）與我合作，這個計畫申請了兩次被國科會拒絕之後，我轉向跟瑞士蘇黎世大學古典語言學系（Klassische Philologie, Universität Züruch）的 Christoph Riedweg 教授合作，這次的申請也被國科會否決。但是我仍然沒有要放棄對這個計畫的研究。因為在哲學史上「存在有兩位歐利根，還是只有一位歐利根」的討論，還未曾出現在臺灣的學術研究的論文裡。

　　於是我轉向跟英國的牛津大學神學與宗教學院（Faculty of Theology and Religion, University of Oxford）的馬克・愛德華斯教授（Prof. Mark Julian Edwards）合作，一共申請了兩次，也都被國科會拒絕。本來想要跟愛德華斯教授再合作申請一次，但是他已對這個計畫已經沒有興趣了，畢竟被國科會連續拒絕了兩次，再加

上之前分別與另兩位重要的國際學者的合作申請都沒有成功過，這個計畫再申請的成功機率應該會十分低。於是我決定再也不申請這個計畫了，而是打算將它出版成書。

在撰寫這本書之前，我將對「一個歐利根，還是兩個歐利根」這個議題的討論發表在新加坡的三一神學院第十三屆年會（13th Annual Conference at Trinity Theological College, Singapore）的一場國際的學術研究會上，會議名稱：Asia-Pacific Early Christian Studies Society (APECSS)，會議日期：7 to 9 September 2023。接著，我將這篇英文論文以中文寫成一本書，於是就有其他與這個主題相關的章節的出現，對於「一個還是兩個歐利根」的討論放在這本書裡的第三章裡。在這篇論文的討論裡有引述 Christoph Ried-weg 與馬克·愛德華斯教授的論文，也就不令人感到訝異了。這就是這本書誕生的緣由。對此，我反而十分感謝國科會多次對我的計畫的否決，讓我有機會以更完整的面貌將這個主題以一本中文書的形式呈現給讀者。

我更感謝以上三位教授對我學術研究的肯定與協助，即使我們的合作沒有成功，但是他們仍然願意與我在不同的國際學術場合中有許多的互動與合作。謝謝他們。這讓我想起臺灣一位退休教授曾經對我說過的一段話。這位教授說：「有一次，我問一位年老的智者：誰是真正的朋友？他回答我說：就是那些即使當他們不需要您的時候還會記得您的人。」

此外，我感謝臺灣大學哲學系鄭義愷副教授為這本書的希臘文所做的校對，讓這本書能以更好的方式呈現給讀者。如果這本書有任何的錯字，那是作者校對不周所致，由作者負全部的責任。我也感謝鄭仰恩教授與關永中教授為這本書所寫的序。謝謝您們。

另外，我要特別感謝教育部、中原大學以及捷克查理大學人文學院副院長 Prof. Milan Hanyš 及哲學系系主任 Prof. Jakub Marek 提供給我寶貴的機會在這裡從事教學與研究。這裡的豐富的研究資源、傑出的學術環境以及自由的學術氛圍是這本書順利誕生的推手。謝謝您們。最後我還要感謝我在捷克的好姐妹 Veronika Teryngerová 老師。謝謝捷克。

羅月美

2024 年 4 月 14 日

捷克國家圖書館

導論：什麼是哲學？

▌壹‧哲學與哲學家

對「什麼是哲學？」這個問題的討論的重要性是，唯有當我們清楚了什麼是「哲學」與「哲學家」，我們才能從正確的方向去理解這門科學。哲學是人類第一門有系統的科學（*epistêmê*），也是人類邁入文明擺脫無知的開始。長久以來人們對什麼是「哲學」有許多誤解，以下讓我們從古典希臘哲學家的觀點來探討哲學的意義與起源。

英文的 'philosophy' 這個詞，中文翻譯為「哲學」。這個詞從它的原始的意義來看的話，它是源自於希臘文的 '*philosophia*'，它的動詞是 '*philosophein*'。要確定這個希臘詞彙的確實來源是一件很困難的事情。如果我們仔細分析這個詞的話，它是由兩個單詞組成的：'*philein*'（養成，愛，追求）與 '*sophia*'（智慧，有權威的知識）。[1] 根據 Christoph Horn，「最早發現證據的希羅多德（Herodot）告訴我們梭倫（Solon）在雅典完成立法之後，進行了

---

[1] Christoph Horn. *Philosophie Der Antike*, (München/Deutschland: Verlag C.H. Beck, 2013), S. 25-26.

一個無目的的教育之旅——他幾乎是『想要爲了理論（*theôria*）而旅行』；他把這旅行當成是知識的朋友（*philosopheon*）。」[2] 按照 Schadewaldt 的解釋，'*philosophos*'（哲學家）一詞原始上是指某人喜歡獲取純粹性的知識，即理論性的、無目的性的、基礎性的知識。[3] 這裡所謂的「無目的性」是指爲了知識而知識，不是爲了獲得外在財富或者榮譽之類的目的。

畢達哥拉斯（Pythagoras of Samos，大約西元前 570 年至西元前 490 年）被問到上帝把我們帶入到存在的目的是什麼，他的回覆是「對天的觀看」，且他是一位自然或者實體的觀看者，即哲學家，他所擁有的生命就是爲了這個重要的目的。[4] 在西塞羅（Cicero）的 *Tusculanae Disputationes* V. 3 裡的記載，傳統上這是一位柏拉圖的博學的學生赫拉克黎德斯·潘都斯（Heraclides Ponticus）把畢達哥拉斯視爲既是「哲學家」一詞的創始者又是解釋者。[5] 根據西塞羅，畢達哥拉斯有一次就某些主題與菲里阿西依（Phliasii）這地方的一位王子里昂（Leon）進行了非常博學和豐富的討論，里昂十分欽佩他的聰明才智和口齒伶俐，於是問他專精於哪門技藝（*technê*）。畢達哥拉斯的回答是他並不熟悉任何一門技藝，他是一位哲學家。[6] 里昂對哲學家這個新穎的名字很感到很好奇，於

---

[2] Christoph Horn. *Philosophie Der Antike*, S.26.

[3] Christoph Horn. *Philosophie Der Antike*, S. 26.

[4] Anton-Hermann Chroust. 'Philosophy Starts in Wonder – Aristotle, <Metaphys.> 982 b 12 ff' in the *Divus Thomas*, p. 57, Vol. 75, No. 1 (1972), pp. 56-65.

[5] Marcus Tullius Cicero. *Cicero's Tusculan Disputations – Also, Treatises On the Nature Of The Gods, And On the Commonwealth*, V.3. (New York: Harper & Brothers, Publishers, 1877), p.106.

[6] Ibid.

是又再問他「哲學家」這個名字的意思是指什麼。畢達哥拉斯回答說：[7]

> 在他看來，人的生活就像那些以盡可能多的體育運動和全希臘的普遍活動而慶祝的比賽。因為在那些遊戲中，有些人的目標是通過身體鍛鍊獲得名聲和王冠的榮譽，所以其他人則被買賣的收益吸引到那裡，但是同樣有一類人，他們是目前為止最好的人，他們的目的既不是掌聲也不是利益，只是出於好奇而作為旁觀者，觀察所做的事情，看看事情在那裡是如何進行的。因此，他說，我們從另一種生活和自然來到這裡，就像人們從另一個城市來到某個經常光顧的市場一樣。有些人是榮耀的奴隸，有些人是金錢的奴隸；也有少數人，不計較其他的事，認真觀察事物的本質。這些人稱自己是學習智慧（*sapientiae studiosos*），即哲學家：在那裡，最有聲望的職業是旁觀者，沒有任何利潤，所以在生活中，沉思（*contemplatio*）和了解事物，大大超過了生活中的其他一切追求。（Marcus Tullius Cicero. *Cicero's Tusculan Disputations*, V. III. 9, p. 433）

以上很清楚的，「哲學家」這個詞是畢達哥拉斯用來描述自己的工作，這份工作是追求智慧以了解事物的本質，而沉思的活動即理論（*theôria*）的活動就是哲學家的主要活動。此外，哲學家的生活

---

[7] Ibid., 以及 Marcus Tullius Cicero. *Tusculan Disputations*, translated by J.E. King, (London/England: Harvard University Press, 1927 and 1945), pp. 432-433；參考 Christoph Horn. *Philosophie Der Antike*, S. 26-27。

是最高貴與最特權的，因為他們既不眷注名譽和榮譽，也不關注獲得和利潤，而只重視「事物的本質」。[8] 同時，從以上的西塞羅這席話，我們也發現到「畢達哥拉斯的轉世的觀點的背景可能與我們所擁有的這段話相呼應『像從某個城市來到一個最多人拜訪的民間節慶那樣，所以從另一段生命與另一種自然裡來到這一段的生命』」。[9]

根據奧古斯丁在《上帝之國》第八卷，第二章裡，來自撒摩斯島的畢達哥拉斯（Pythagoras of Samos）是發明「哲學」這個詞的人。因為他不喜歡被稱為有智慧的人，當有人問他什麼是他的專業時，他的回答是哲學家，意思是指他是一位學習智慧的人，或者是一位智慧的愛好者（*studiosum vel amatorem sapientiae*）。[10] 柏拉圖（西元前 428/7 年至西元前 348/7 年）在《斐德羅》（*Phaedrus*）278d 裡說：

> 斐德羅，我認為「智慧」（*sophon*）這個名字太重要了，只適合上帝。但是「哲學家」這個名字，也就是「智慧的愛人」（*philosophon*）之類的名字，對這樣的人來說是更合適與更合律。（*Tò μὲν σοφόν, ὦ Φαῖδρε, καλεῖν ἔμοιγε μέγα εἶναι δοκεῖ καὶ θεῷ μόνῳ πρέπειν. τὸ δὲ ἢ φιλόσοφον ἢ τοιοῦτόν τι μᾶλλόν τε ἂν αὐτῷ ἁρμόττοι καὶ ἐμμελεστέρως ἔχοι.*）

---

[8] Ibid., S. 27.

[9] Ibid.

[10] Augustine. *City of God*, VIII, ii., p. 6; VIII, x, p. 45, with an English translation by David S. Wiesen, edited by Jeffrey Henderson, (Cambridge/London: Harvard University Press).

所以對柏拉圖來說，哲學家是愛智慧的人，或者說，神的愛人；哲學（philosophy）即是對智慧的愛或者對智慧的追求，也就是對神的愛與追求。從事哲學活動（*philosophein*）即是從事一種對神的認識的活動。在《理想國》376b 裡蘇格拉底對葛樂康（Glaucon）說愛好學習與愛好智慧是相同的一件事情（*Τό γε φιλομαϑὲς καὶ φιλόσοφον ταὐτόν*），[11] 因為一位高貴的衛士自然地具備有對學習哲學的熱愛與對追求智慧的熱誠，這兩者是一位優秀的衛士的必要條件。[12] 在《理想國》519c-d 裡柏拉圖主張，對於一位智慧的愛人而言，最重要的事情是「去看善本身」（*ideîn te to agathon*），這個善本身是眾相（Forms）的起源，即柏拉圖強調，哲學家的魂的本質是透過各種方式努力爭取看到最幸福的部分或最高德性（*ἀρετή*），即善。[13]

奧古斯丁認為柏拉圖的偉大的地方在於，他把哲學劃分為三部分：道德哲學（實踐）、自然科學（沉思，理論）以及邏輯學（區別真假）。從事哲學的活動（*philosophein*）是指「追求智慧」，但是追求不是盲目的追求，而是必須能夠利用邏輯來區別知識的真假，所以邏輯與實踐及理論是不可分的。[14] 他在《論上帝之國》第八卷，第一章裡說：「真正的哲學家是那位愛上帝的人」（*verus*

---

[11] Plato. *Republic*, BK 1-5, edited and translated by Chris Emlyn-Jones, (London/England: Harvard University Press, 2013), 376b, p.188.

[12] Ibid., 376b-c.

[13] Yip Mei Loh and Bernard Li. 'Ancient Philosophers in the Age of Digitalisation' in *The Philosophy of Early Christianity in The Era of Digitalisation*, edited by Yip Mei Loh, (the UK: Cambridge Scholars Publishing, 2021), p. 136.

[14] Augustine. *City of God*, VIII, iv., p. 19.

philosophus est amator Dei）[15]，所以當哲學與神學被整合在一起時，那麼它們就達到了奧古斯丁所說的這個完整的形式了。克里斯多夫·霍恩說：「奧古斯丁把哲學理解為對智慧的愛（*amor sapientiae*），即對基督的愛。」[16]

歐利根在《論第一原理》裡引述《聖經》的話，說：「基督是智慧本身（*Sapientia*）」以及「祂被稱為首生」。[17]在《哥西羅書》1：15 裡保羅跟我們說：「祂是一切被造物的首生者。」[18]這裡歐利根指出「第一個出生的人在本質上與智慧沒有不相同，而是一與相同」（*Nec tamen alius est primogenitus per naturam quam sapientia, sed unus atque idem est.*）。[19]在《哥林多前書》1：24 裡，保羅說：「基督是神的大能與神的智慧（*Christus dei virtus et dei sapientia*）。」[20]

到底什麼是「神的智慧」（*dei sapientia*）呢？歐利根的回答是：「某個非實質性的東西，舉一個例子來說，我們不把祂理解為某種聰明的有生命的存有者，而是把祂理解為某種使他人變得聰明的東西，並提供與植入那些在心智上能夠接受祂的人的德性和智慧。」[21]所羅門（Solomon）說智慧本身被創造出來，這是神的道

---

[15] Augustine. *City of God*, VIII, i., pp. 4-5；參考克里斯多夫·霍恩著。《奧古斯丁哲學思想導論》，羅月美譯，（臺北：五南出版社，2021 年 3 月），頁 143。

[16] 克里斯多夫·霍恩著（Christoph Horn）。《奧古斯丁哲學思想導論》，頁 143。

[17] Origen. *On First Principles*, 1.2.1, Vol.1, edited and translated by John Behr (Oxford/England: Oxford University Press, 2017), pp. 40-41.

[18] Origen. *On First Principles*, 1.2.1, Vol.1, pp. 40-41；保羅即聖保祿。

[19] Origen. *On First Principles*, 1.2.1, Vol.1, pp. 40-41.

[20] Cf. Origen. *On First Principles*, 1.2.1, Vol.1, pp. 40-41.

[21] Origen. *On First Principles*, Vol.1, 1.2.2., p.p. 40-41.

路的開端（*initium viarum dei*）。[22]那麼在這種方式之下，「神的智慧」應被理解爲「神的道／話語」（*verbum dei*），即智慧被稱爲道。因爲智慧向整個的受造物揭露被涵蓋在神的智慧之中的「理性的奧祕事物與祕密」（*mysteriorum et arcanorum rationem*）[23]；換句話說，智慧是心智的祕密（*arcanorum mentis*）的解釋者。[24]所以保羅的《使徒行傳》裡似乎對我們說：「因爲祂是道，一位永泉生命的存有者。」（*quia hic est verbum animal vivens*）[25]這裡，我們必須先理解三個拉丁文所蘊含的概念：'*mysteria*'（「奧祕」）、'*arca*'（祕密）與'*ratio*'（神的道）。

首先，'*mysteria*'這個拉丁文的詞彙借自於希臘文的'*mys-têria*'，它的動詞是'*mueô*'，它源自於另一個希臘動詞'*muô*'（「關閉」[26]）。'*mueô*'的意思是「開始進入到某一件事情裡頭」（initiate into a thing），即「揭露」的意思。這樣從希臘文的原意來看，「開始」所指的意思就是「揭露」。所以在希臘文裡'*mystês*'的意思可以指「發起者」（one initiated）或者「（雙眼與雙脣的）關閉」。換句話說，把肉眼與雙脣關閉起來開始進入另一不可見的世界裡以讓心智把它揭露出來。所以進入到奧祕裡是生命的心智之旅

---

[22] Origen. *On First Principles*, Vol.1, 1.2.2., pp. 42-43.

[23] Origen. *On First Principles*, Vol.1, 1.2.3., pp.42-43；「神的道」即「神的聖言」。

[24] Origen. *On First Principles*, Vol.1, 1.2.3., pp.42-43.

[25] Origen. *On First Principles*, Vol.1, 1.2.3., pp.42-43.

[26] 卡夫卡主張上帝就在我們裡面，我們真正能掌握到的，是那個奧祕。因它是關閉著的，卡夫卡將它形容爲「黑暗」，上帝就在那裡面，即上帝就在那奧祕裡。古斯塔夫・亞努赫（Gustav Janouch）著。《與卡夫卡對話》（*Gespräche mit Kafka*），林宏濤譯（臺北市：商周出版，城邦文化出版，2014 年 1 月 22 日），頁 109-110。

程的開始，讓基督把祂的智慧向我們的心智揭露出來。[27]克里斯多夫‧霍恩在他的《奧古斯丁哲學思想導論》裡指出，在奧古斯丁的思想裡「奧祕」並不與「理性」相對立，相反地，奧祕正是由理性（*ratio*）、智慧（*sapientia*）與知識（*scientia*）的概念所決定。[28]霍恩教授說奧古斯丁對上帝的經驗的展示不是與體驗相關的，而是與理論的論證相關。[29]他說：

> 奧古斯丁的奧祕的經驗的描繪不含有情緒上的狂喜、畫面豐富的異象或者崇高的恍惚狀態；這些被描繪的經驗僅存在於瞬間，而且根據它們的內容，它們也都是不可言說。在這裡，奧祕意指透過逐步的思想上的揚棄所有感性的和精神的內容，在理性上攀升到理性之根的觀念。[30]

而歐利根對奧祕的詮釋與奧古斯丁的詮釋大同小異。馬克‧愛德華斯（Mark Edwards）在他的《歐利根駁斥柏拉圖》裡說：

> 對歐利根而言，奧祕的事物是敘述（*legomenon*），理解的實踐、信仰與洞見，以便揭露「那隱藏在世界根基後的事物」。[31]

---

[27] 有關歐利根對「心智」（nous, mind）的詮釋，請參考羅月美。〈歐利根論心智〉收錄在《哲學與文化》，馬克‧愛德華斯、羅月美主編，第 48 卷，第 9 期，2021 年 9 月，頁81-96。

[28] 克里斯多夫‧霍恩著（Christoph Horn）。《奧古斯丁哲學思想導論》，頁 171。

[29] 克里斯多夫‧霍恩著（Christoph Horn）。《奧古斯丁哲學思想導論》，頁 171。

[30] 克里斯多夫‧霍恩著（Christoph Horn）。《奧古斯丁哲學思想導論》，頁 171。

[31] 馬克‧愛德華斯著（Mark Julian Edwards）。《歐利根駁斥柏拉圖》，羅月美譯，（臺

這樣的一種心智之旅稱爲沉思之旅（theôria）。在《尼可馬克倫理學》（Die Nikomachische Ethik）裡，亞里斯多德稱沉思（theôria）是一種最神聖的與最高的心智活動，因爲它是與德性相符應的一種完整的幸福（ἡ τελεία εὐδαιμονία）。[32]因此，他認爲對人而言，一種由心智所引領的沉思的生命既是至善，又是至福。[33]另外，「那隱藏在世界根基後的事物」是指祕密。即奧祕透過信仰的洞見與理解憑藉著敘述把隱藏在世界根基後的事物的祕密揭露出來。這是奧祕與祕密的差異。馬克・愛德華斯主張，對歐利根而言，理論（即沉思）是對善的注視，這是哲學家對世界探究的最終點。所以當他閱讀《聖經》文本時，他的心智對文本的洞察使得他的心智與基督聯合。[34]德國思想家 Jaeger 卻說，歐利根是希臘科學精神的晚期繼承人，他的哲學神學沉浸在柏拉圖的精神中，他將自己的一生獻給了理論（即 theôria）。[35]

　　以上，我們清楚地知道「奧祕」不是指非理性，而是剛好相反。新柏拉圖主義者普羅丁（Plotinus，西元 204-270 年）是一位奧祕主義者（mystic）。他的學生波菲利（Porphyry，大約西元 234-305 年）在《九章集》裡提到在他與普羅丁相識的六年中，普羅丁有四次經歷過這種奧祕的經驗，而他自己在晚年也曾達到過一

北：五南出版社），頁 237。

[32] Aristoteles. *Die Nikomachische Ethik*, 1177a (Düsseldorf/Zürich: Artemis & Winkler Verlag, 2001), S. 438.

[33] Ibid., 1178a, S. 445.

[34] 馬克・愛德華斯著（Mark Julian Edwards）。《歐利根駁斥柏拉圖》，羅月美譯，頁 231。參考 Yip Mei Loh and Bernard Li. 'Ancient Philosophers in the Age of Digitalisation', pp. 136-137。

[35] Yip Mei Loh and Bernard Li. 'Ancient Philosophers in the Age of Digitalisation', p. 137.

次。對普羅丁而言，就像對柏拉圖一樣，他與大多數奧祕主義者的不同之處在於魂的淨化主要是通過哲學來完成的。[36] 因此，哲學從另一個側面而言，它本身是奧祕。

其次，在字源上形容詞 *'arcānus'* 源自於 *'arca'*，它的意思就是「隱藏的」（'hidden'）、「祕密的」（secret）、「私人的」（'private'）或者「值得信賴的」（'trustworthy'）。它的動詞是 *'arceo'*，意思是指「關閉」（shut in）、「把……關在裡面」或者「保護」（protect）。拉丁文的 *'arca'*（祕密）這個詞的原意是「箱子」（chest）、「盒子」（box）、「棺材」（coffin）以及「方舟」或者「約櫃」（Ark of the Covenant），例如：挪亞在神的指導之下所建造的方舟（Noah's Ark）或者神聖的容器，一個鍍金的木箱，裡面裝著給摩西在西奈山收到兩塊的約櫃，在《出埃及記》裡記載著石板的收據和方舟建造的細節。《撒母耳記上》第四章，第十一節裡的這句話，*'et arca Dei capta est; duo quoque filii Heli mórtui sunt Ophni et Phínees*[37] '（神的約櫃被擄去，以利的兩個兒子何弗尼、非尼哈也都被殺了）。

第三是 *'ratio'*（神的道）這個拉丁詞源自於希臘文的 *'logos'*（道），它的意思在數學上是指「比例」，一般上，它的意思是指「計算」（computation）或者「算數」（calculation）。與它相關的動詞是 *'reor'*，意思是指「推算」（reckon）、「思考」（think）以及「判斷」（judge）。在《約翰福音》第一章，第

---

[36] R.T. Wallis. *Neo-Platonism*, (London: Gerald Duckworth & Company Limited, 1972), p. 3.

[37] BIBLIA SACRA, VULGATAE EDITIONIS, (Roma: SOCIETA BIBLICA CATTOLICA iN-TERNAZIONALE, 2012), p. 260.

一節裡說：'Ἐν ἀρχῇ ἦν ὁ λόγος, καὶ ὁ λόγος ἦν πρὸς τὸν θεόν, καὶ
θεὸς ἦν ὁ λόγος'（太初有道，道與神同在，道就是神）。這裡希臘
文的 'logos' 既是拉丁文的 'ratio'，又是基督。歐利根在《論第一
原理》裡說：「當理性（ratio）植入人之內，這就假定他們能夠
區別善與惡，且當他們能認識什麼是惡時，他們就必須對他們的罪
負責。因此，人對於他們的罪沒有任何藉口。從神的道（divinus
sermo）或理性（ratio）開始在心中顯明善惡之時起，就該迴避和
提防惡。」[38] 由於這個理性是在我們之內，決定該做什麼與區別什
麼事情應該做或者應該避免，這個能力是在我們之內的（eph' hê-
min），即人擁有不可被剝奪的自己決定的權利（autexousion）。[39] 奧
古斯丁把它理解為「尺度」（measure），克里斯多夫·霍恩說：
「神是智慧，即基督，所導向的尺度。因此，誰擁有那個尺度，
亦即，誰擁有神、父，透過神擁有子，他就是幸福的。」[40] 換句話
說，基督是在每個人的內心深處。

在我們分析完以上三個拉丁文的詞彙之後，我們現在繼續討
論「神的智慧」即「神的道／話語」：歐利根認為這個道即智慧在
《約翰福音》第一章，第一節裡被定義為神即基督，祂不僅是所有
有生命的事物的真理（veritas）與生命（vita），且也是我們的道
路（via）。[41] 為何祂的智慧與道是我們的道路呢？歐利根在《論第
一原理》1.2.4 裡提出兩個理由。第一個理由是，所有生命的存在

---

[38] Origen. *On First Principles*, 1.3.6., pp. 75-77.

[39] Origen. *On First Principles*, 3.1.5., p. 295.

[40] 克里斯多夫·霍恩著（Christoph Horn）。《奧古斯丁哲學思想導論》，頁 56。

[41] Origen. *On First Principles*, 1.2.3., p. 43 and 1.2.4., p. 45.

都源自於真理本身；理性的存有者所以能存在的理由不過是有一個先於他們存在的道（*verbum*）或理性（*ratio*），而這些理性的動物之所以能成爲聰明的是源自於智慧，這個智慧即是基督。[42] 這裡再次證明歐利根很顯然的主張基督即道或理性。人的一切秉賦與才能都源自於基督，他才是真正的生命、智慧與真理的源泉。與此同時，歐利根認爲死亡是生命的啓程（*vita discedere*），有些理性的存有者從生命中墜落並從中爲自己帶來死亡，儘管如此，這並沒有意味著由上帝所創造的他們會完全的毀滅，因爲在死亡之前必須有一種力量可以摧毀即將到來的死亡而使得他們得以復活，這力量是在我們的天主和救主裡，復活存在於神的智慧、道與生命。[43] 也就是說，死亡是生命的另一個開端，而不是毀滅，因爲生命（life）除了源自於生命本身（Life）之外，正如同亮光（*splendor*）源自於光（*lux*）那樣，不會有其他的源頭，既然是這樣，生命就不會毀滅。所以死亡一點都不可怕，因爲它是生命的另一個旅程的起始。

第二個理由是，歐利根認爲在理性的存有者之中，人所擁有的善不是實質上的（*substantialiter*），而是偶然上的（*accidens*），因此，他們將無法保持不變和不可改變，並永遠擁有相同的祝福與平安和節制，而是不斷地變化和改變，會偏離他們的善的狀況，而上帝的道與智慧成爲他們的道路。智慧被稱爲道路是因爲她帶領那些跟隨天主的人導向父神。歐利根說：[44]

---

[42] Origen. *On First Principles*, 1.2.3., p. 43 and 1.2.4., p. 45.

[43] Origen. *On First Principles*, 1.2.4., p. 45.

[44] Origen. *On First Principles*, 1.2.4., p. 45.

無論我們所說的上帝的智慧是什麼，祂合適地被應用在以及理
解為人們所說的神子是生命、祂是道，祂是道路、祂是真理
以及祂是復活的情況下，也將得到適當的應用和理解，祂就
是復活；因為所有這些頭銜都是根據祂的作品和祂的大能命名
的…。（Origen, *On First Principles*, 1.2.4.）

所以馬克・愛德華斯說：「哲學不僅僅提供清楚與嚴謹的照料，也
提供以生命與神學聯姻的典範。」[45]

▎貳・哲學的起源

柏拉圖在《泰阿泰德》155d 裡向泰阿泰德說：「你是一位哲
學家，因為驚訝（*to thaumazein*）是哲學的唯一的開始。」[46] 柏拉
圖的學生亞里斯多德（Aristotle，西元前 384 年至 321 年）在《形
上學》982a 12ff 裡說：「這是由於驚訝人們現在開始以及最初開始
去追求智慧（*philosophein*）；驚訝在一開始時是對明顯的困惑感
到疑惑，然後透過逐漸的進展也提出關於更大事物的問題。例如：
關於月亮和太陽的變化，關於星星和宇宙的起源。現在，這位感到
驚訝和困惑的人覺得他是無知的（因此神話愛好者在某種意義上是
哲學家，因為神話是由驚訝組成的）；因此，如果人們學習哲學
是為了擺脫無知，那麼很明顯，他們追求科學（*τὸ ἐπίστασθαι*）是

---

[45] 馬克・愛德華斯著（Mark Julian Edwards）。《歐利根駁斥柏拉圖》，羅月美譯，頁48。

[46] Plato. *Theaetetus*, 155d, translated by Harold North Fowler, (London/England: Harvard University Press, first published 1921), pp. 54-55.

爲了知識（*τὸ εἰδέναι*），而不是爲了任何實際用途。」[47] 接著他在
《形上學》983a7 ff 裡又說：「如果一門科學是與神明的事物相關
的，尤其是上帝的財產，那麼這門科學是屬於神明的（*theion*, divine）。只有這門科學才能滿足這兩個條件；因爲 (a) 所有人都相信
上帝是原因之一和一種原理，並且 (b) 上帝是這種知識的唯一或主
要擁有者。因此，儘管所有其他科學都比這更必要，但沒有比這更
優秀的了。」[48] 而柏拉圖的《蒂邁歐》（*Timaeus*）就是對這兩個條
件給出他的哲學說明，他以他的幾何學知識勾畫出他對它們的科學
詮釋。

　　以上很清楚地，我們知道哲學起源於人們對宇宙的驚訝與對人
的誕生的好奇，它是一門研究宇宙與人誕生的第一個原因的學問；
而哲學家就是對它們的誕生的好奇者，因此產生了對它們的各種學
說以期能對它們做出一個有系統的科學的解釋以解決他們對它們的
疑問。他們對自己所找到答案或者對自己所認識到的眞理是十分
的堅持的。亞里斯多德在《尼可馬克倫理學》（*Nicomachean Ethics*）I, iv, 1095b 裡說：「這就是爲什麼爲了成爲一名具備有正確的
和公正的能力的學生，簡言之，有關於在一般的政治的議題上，
學生必須在許多的習慣上受到嚴謹的訓練。」[49] 所以這並不令人感
到意外，後來有人把他以上的那句話做出這樣的詮釋：「柏拉圖
是我的朋友，眞理更是我的朋友。」（<*Amicus Plato, magis amica*

---

[47] Aristotle. *Metaphysics*, II. 982b22-23, translated by Hugh Tredennick, (London/England: Harvard University Press, first published 1933), p. 13.

[48] Aristotle. *Metaphysics*, II. 983a7 ff, p. 15.

[49] Aristotle. *Nicomachean Ethics*, I, iv, 1095b6-7, translated by H. Rackham (London/England: Harvard University Press, 1934), p. 13.

verita>）**50**

　　亞里斯多德在《形上學》第一卷裡直截了當地這麼表示：

　　所有人在本性上都是欲求知識（*τοῦ εἰδέναι*[51] *ὀρέγονται*）。對感覺的喜愛（*ἡ τῶν αἰσθήσεων ἀγάπησις*）就是一個證明，因為我們離開它們的好處，而喜愛感覺由於它們的緣故，以及在所有的感覺之中，視覺是最重要的。不只是因為為了活動的目的

---

50 Christoph Horn. *Philosophie Der Antike*, S. 55.

51 亞里斯多德在這裡所使用的知識（*τὸ εἰδέναι*）是與看（*ὁράω*）息息相關的，因此 *τὸ εἰδέναι* 是與 *ἡ ὅρασις*（視覺）相關。從字源來看的話，*εἰδέναι* 是 *ὁράω* 的完成式（perfect tense）的不定式（infinitive）。而 *ὁράω* 這個字的過去式 2（aorist 2）是 *εἶδον*，它的不定式是 *ἰδεῖν*。所以在這裡很清楚的，蘇格拉底（西元前 469 年至西元前 399 年）所謂的 *εἶδος* 與柏拉圖的 *ἰδεα* 都是與 *ὁράω* 同一個字源的。*ὁράω* 這個字也與 *εἰδῶ*（看）相關，*εἰδῶ* 這個字有兩個意義，一是「看」；另一個是「知道」（*οἶδα*），所以以「看」是與「知道」是分不開的。另外，亞里斯多德也用動詞不定式 *γνωρίζειν*（認識，名詞是 *γνῶσις*）這個字來描述知識，但就亞里斯多德而言，*γνῶσις* 的意義比 *εἰδέναι* 更深一層，因為它與看的距離較遠，它較屬於一種透過感官的感受進入意識加工的層次。因為看到雖然知道了，並不等於對事物有所認識。所以要先對事物有所認識之後，才能說知道某事物。亞里斯多德說：「當我們認為我們認識（*γνωρίζειν*）它的最原始的原因時，我們才聲稱知道（*εἰδέναι*）每個個別的事物。」在字典上把 *γνωρίζειν* 翻譯為 'to make known', 'discover' 等。雖然在許多英文的翻譯裡，也把 *γνῶσις* 翻譯為 knowledge，但似乎把 *γνῶσις* 翻譯為 cognition 或 recognition 更為精確。還有另一個字是 *ἐπιστήμη*，許多的英文也把這個字翻譯為 knowledge 或 theory，但翻譯為 science（在拉丁文裡，*scientia* 的動詞 *scio* 也是「知道」〔to know〕的意思）或許較能與前面兩者區別開來，因為 *ἐπιστήμη* 這個字的動詞 *ἐπίσταμαι* 的意思是不僅僅知道而且也知道如何去做，也就是不只知其然，也知其所以然。在這裡，為了把這三個字做區別，*ὁράω* 翻譯為「看」或「知道」，名詞翻譯為「知識」，與 *γνωρίζειν* 相關的翻譯為「認識」，與 *ἐπίσταμαι* 相關的翻譯為「科學地知道或認識或理解」，名詞翻譯為「科學」。有關亞里斯多德這部分的內容是我改寫我在輔大博士班修的一門必修課「知識論」所寫的期末報告，報告題目是〈亞里斯多德論科學與技藝的區別〉。

的緣故，即使當沒有活動被完成，一般而言，我們喜好看（$\tau\grave{o}$ $\acute{o}\rho\tilde{\alpha}\nu$ $\alpha\grave{\iota}\rho o\acute{\upsilon}\mu\epsilon\theta\alpha$）更勝於所有其他的感覺。它的原因是在所有的感覺之中，看最能幫助我們去認識（$\gamma\nu\omega\rho\acute{\iota}\zeta\epsilon\iota\nu$）事物，且揭露許多的差異。（Aristotle, *Metaphysics*, I 980a22-980a25）

以上亞里斯多德強調「所有人在本性上都是欲求知識」蘊含以下三個層面的意涵：（一）所有人與生俱來都有一種內在的欲望去追求知識，這股內在的欲望是一股內在的驅動力鞭策我們擺脫無知以追求知識達到一種內在的滿足。這種內在滿足的追求不是爲了外在名利榮譽與實用的緣由，而是單單爲了知識的緣故而追求知識。換句話說，亞里斯多德強調學習的目的是爲了知識本身，而不是爲了任何的實用的緣故。[52] 然而，我們對知識的追求必須運用到我們的五種感官去實踐或完成我們的目的，在這五種感官之中，其中視覺是最重要的，因爲透過視覺對外在事物的考察使我們對所觀察的事物產生（二）驚訝（$\tau\grave{o}$ $\theta\alpha\upsilon\mu\acute{\alpha}\zeta\epsilon\sigma\theta\alpha\iota$）與好奇（$\tau\grave{o}$ $\theta\alpha\upsilon\mu\acute{\alpha}\zeta\epsilon\iota\nu$），藉此驅動我們去探索與追求眞理。由於對不能理解的事物感到好奇，人們開始從事哲學的活動與追求智慧（$\varphi\iota\lambda o\sigma o\varphi\epsilon\tilde{\iota}\nu$），然後逐漸地對有關更重要的事件提問。例如：透過觀察有關月亮與太陽的變化，開始提問有關宇宙的起源的原因以及人的誕生的原因，科學的發展就這樣逐步建立起來。這種爲了擺脫無知而進入哲學的探索（$\varphi\iota\lambda o\sigma o\varphi\epsilon\tilde{\iota}\nu$），亦即透過視覺而進入內在心靈活動的推理與計算（$\lambda o\gamma\iota\sigma\mu\acute{o}\varsigma$），這就是亞里斯多德所說的「爲了知識而追求科學的

---

[52] Aristotle. *Metaphysics*, translated by Hugh Tredennick, (England: Harvard University Press, first published 1933), I. 981b20, II. 982b20, pp. 9, 13.

緣故」（τò εἰδέναι τò ἐπίστασθαι ἐδίωκον[53]），而不是爲了任何的實用的緣故，唯有這種科學才是自由的，因爲它單單只爲了它自身的緣故，而不是把它視爲達成生活上實用目的的手段。亦即，它是一門探討事物的第一原因與原理的科學，這樣的一門科學，亞里斯多德稱它爲智慧[54]，且這門知識與透過感官知覺所認識的知識（τò εἰδέναι）——例如：技藝（ἡ τέχνη）——不一樣。而另一方面，由於人們爲了滿足生活所需透過心靈活動的推理的發現一門不與快樂也不與生活的必需相關的科學，即數學。[55] 由於這門科學是一種從事心靈的推理活動，而與從事勞作的日常生活所需的知識不同，因此，從事這類活動的思想家稱爲哲學家，他們能夠擺脫日常的勞作而擁有（三）閒暇（σχολάζειν[56]）從事哲學思辨的活動，他們之所以對大自然產生好奇與驚訝是由於他們比一般人擁有更多的閒暇對它從事觀察，亞里斯多德說數學起源於埃及，因爲在那裡神職人員被允許擁有休閒從事思辨的活動。[57]

以上我們知道感覺與知識——包括技藝——以及感覺與科學之間的關係與差異，前者爲實用的緣故，後者爲純粹的科學的緣故，亞里斯多德說它是「爲了知識而追求科學的緣故」（τò εἰδέναι τò

---

[53] Aristotle. *Metaphysics*, II. 982b20, p. 13.

[54] Aristotle. *Metaphysics*, II. 982a5-6, p. 9. '...ἡ περὶ ποίας αἰτίας καὶ περὶ ποίας ἀρχὰς ἐπιστήμη σοφία ἐστίν.'

[55] Aristotle. *Metaphysics*, I. 981b15-981b25, pp. 7-9.

[56] Σχολάζειν 是動詞 'σχολάζω' 的現在不定式（Pres. Inf.），它的意思是「空間」。它的名詞是 ἡ σχολή（拉丁文是 *otium*），拉丁文的 *schola*（leisure）的字源就是來自於希臘字 'σχολή'，所以英文的 'scholar' 就是指「有空間從事研究的人」。

[57] Aristotle. *Metaphysics*, I 981b25, p. 7.

$\dot{\epsilon}\pi\iota\sigma\tau\alpha\sigma\theta\alpha\iota\ \dot{\epsilon}\delta\iota\omega\kappa o\nu$[58]）。清楚地，科學（*epistêmê*）包含有知識（$\tau\dot{o}$ $\epsilon\iota\delta\dot{\epsilon}\nu\alpha\iota$），知識一定包含有科學。但是科學的研究不一定可以用在日常生活所實踐的技藝，它需要更多的基礎才能眞正的實踐在生活中，成爲一門專業的技藝，但是知識包括技藝一定含有科學，因爲科學是它們的基礎。以下我們分析理論及技藝與經驗這三個概念。

一、技藝與經驗

技藝（*technê*）一詞在柏拉圖與亞里斯多德的哲學思想裡是一個常出現的哲學字眼，雖然在前蘇格拉底時期許多的思想家也常使用這個詞。例如：當索福克勒斯（Sophocles）在《安提戈涅》（*Antigone*）的第一首歌中將人描述爲「擁有超出人們所希望的知識，即擁有各種聰明的技藝能力」時，他將技藝的理解爲一種在價值上中立的。亦即，對它的使用，可以用於正確的事情上或錯誤的事情上。[59]因此，技藝與德性（$\dot{\alpha}\rho\epsilon\tau\dot{\eta}$）在古希臘哲學裡是一體的兩面。亦即，專業的技能需要擁有德性。

希臘文的技藝是指與應用相關的專業知識或實用的專業知識，這就是爲什麼該詞彙通常可用於藝術的、手工藝的、實踐的、知識的或哲學的學科，例如：音樂的技藝（$\mu o\nu\sigma\iota\kappa\dot{\eta}\ \tau\dot{\epsilon}\chi\nu\eta$）、文法的技

---

[58] Aristotle. *Metaphysics*, I 982b22, p. 12.

[59] Christoph Horn. 'Technê' in *Wörterbuch der antiken Philosophie*, Herausgegeben von Christoph Horn und Christof Rapp, (München/Deutschland: Verlag C.H. Beck oHG, 2002), S. 423；所謂技藝是一種價值上的中立，它的意思是指，例如：當一位醫生將他所擁有的醫學技藝，應用在病人身上，醫治他們身體上的疾病時，他就是把醫學的技藝應用在好的方面，但他也可以把它應用到錯誤方面，例如：二戰時的一位德國醫生 Josef Mengele（1911-1979），又稱為「死亡醫生」，就是利用他的專業知識去傷害其他無辜的人身上。

藝（γραμματικὴ τέχνη）或造船的技藝等等。[60] 一門技藝的養成必須經歷過一段長時間的不斷地有條理的重複練習以及有系統的學習。顯然地，技藝不僅是可教導的與可學習的，而且它是爲了生活上實用的緣故。亦即，學習某種技藝就是爲了能夠利用它來完成某種實用目的的緣故，所以它是我們生活上爲了達成某種目的的工具或手段。

在上面我們知道，亞里斯多德主張知識起源於感覺，在五種感官之中尤其以人的視覺最爲核心。人透過感覺而得到記憶，而相同的事物的反覆記憶便自然地形成了經驗（ἡ ἐμπειρία）。雖然感覺是人與動物共同擁有的共同特徵，但人與動物不同是因爲人能從記憶中獲得經驗，並能對經驗做出反省，藉此形成了技藝[61]。換句話說，技藝的熟練與經驗是息息相關的，後者是前者的必要條件。

柏拉圖在《高爾吉爾》（Gorgias）448c 裡波盧思（Polus）對凱瑞豐安（Chaerephon）說：[62]

> 儘管經驗根據技藝形成以提供給我們的生活方針，缺乏經驗根據運氣提供給我們的生活方針。
>
> （ἐμπειρία μὲν γὰρ ποιεῖ τὸν αἰῶνα ἡμῶν πορεύεσθαι κατὰ τέχνην, ἀπειρία δὲ κατὰ τύχην.）

---

[60] Christoph Horn. 'Technê', S. 423.

[61] Aristotle. *Posterior Analytics,* II, translated by Hugh Tredennick (England: Harvard University Press, 1960), xix, 99b35-100a5, pp. 257-258; cf. Aristotle, *Metaphysics,* I 980a22-980b22, p. 3.

[62] Plato. Gorgias 448c, translated by W.R.M. Lamb, (London/England: Harvard University Press, first published 1925), p. 263.

在亞里斯多德的《形上學》裡他呼應柏拉圖的波盧思以上這句話說，並提出他以下的主張：[63]

> 正如波盧思說的那樣——他的說法是正確的——，一方面經驗產生技藝，另一方面缺乏經驗則運氣。
>
> （ἡ μὲν γὰρ ἐμπειρία τέχνην ἐποίησεν, ὥς φησι Πῶλος, ὀρθῶς λέγων, ἡ δ᾿ ἀπειρία τύχην.）

從以上兩句希臘文的原文來看，我們可以發現這句話在文法結構上有它們的相似處以及相異處。首先，我們先談論相同處，它顯然地出現在名詞上：'ἐμπειρία~ἀπειρία'（經驗—無經驗）以及'τέχνην~τύχην'（技藝—運氣）。就這部分而言，似乎亞里斯多德的說法與波盧思的說法是一樣的。以這個基礎，依據 R. Renehan 的論文 'Polus, Plato and Aristotle'，我們可以說有兩個波盧思，一位是柏拉圖的波盧思，另一位是亞里斯多德的波盧思。[64] 根據柏拉圖的波盧思，Werner Jaeger 在他所編的 Oxford（1957）版本的亞里斯多德的《形上學》這本書的註解裡認為亞里斯多德的這句話引自於柏拉圖的《高爾吉爾》448c。[65] 然而在 Hugh Tredennick 於

---

[63] Aristotle. *Metaphysics*, 981a4-5, p. 5；在柏拉圖的《高爾吉爾》（*Gorgias*）448c 裡波盧思對凱瑞豐安說：「因為經驗根據技藝引導我們的生活進程，而缺乏經驗則根據偶然性來指導我們的生活。」（ἐμπειρία μὲν γὰρ ποιεῖ τὸν αἰῶνα ἡμῶν πορεύεσθαι κατὰ τέχνην, ἀπειρία δὲ κατὰ τύχην.）Plato. *Gorgias*, 448c, translated by W. R. M. Lamb (England: Harvard University Press, 1925), p. 263.

[64] R. Renehan. 'Polus, Plato and Aristotle' in *The Classical Quarterly,* New Series, Vol. 45, No. 1. (1995): 68-72.

[65] W. Jaeger. *Aristotelis Metaphysica*, (New York/the US: Oxford University Press), S. 2, footnote 4.

1933 年出版的第一版翻譯的亞里斯多德的《形上學》裡，他把亞里斯多德的這句話註解爲分別出自於柏拉圖的《高爾吉爾》448c 與 462b-c。[66] R. Renehan 於 1995 出刊的論文裡挑戰 Jaeger 的觀點，他認爲 Jaeger 的註解似乎不十分正確，因爲他認爲亞里斯多德的這句話比較接近於引自柏拉圖的《高爾吉爾》462b-c。[67] 其次，這兩句話的相同處也出現在小品詞（particle）上：'μὲν γὰρ...δὲ'（的確……但是；一方面……另一方面），表達一種對比（contrast）。γὰρ（因爲）在這裡的角色是陳述隨後主句中所闡述的事物的原因、證明其言論的合理性或給出解釋，在翻譯上通常被省略。

　　第三，相異處是在動詞部分。柏拉圖的波盧思使用現在式的 'ποιεῖ'（'to bring, to carry, to furnish'），而亞里斯多德的波盧思使用過去式（aorist indicative[68]）的 'ἐποίησεν'。我們詳細的把柏拉圖的波盧思與亞里斯多德的波盧思這兩句話做對照，Lamb 的英文的翻譯是 'for experience conducts the course of our life according to art, but inexperience according to chance'（因爲經驗根據技藝引導我們的生活進程，而缺乏經驗則根據偶然性來指導我們的生活），Lamb 似乎沒有完全把希臘文的原文完全翻譯出來，因爲在柏拉圖的這句話：'ἐμπειρία μὲν γὰρ ποιεῖ τὸν αἰῶνα ἡμῶν πορεύεσθαι κατὰ τέχνην, ἀπειρία δὲ κατὰ τύχην,...' 裡有兩個動詞，一個是現在式主

---

[66] Aristotle. *Metaphysics*, with an English translation by Hugh Tredennick, (first published 1933) p. 5.

[67] R. Renehan. 'Polus, Plato and Aristotle', pp. 68-69.

[68] 希臘文法上的時態 'aorist' 到底如何翻譯才算精確呢？這確實是相當棘手的，因爲這牽涉到它的事態（aspect）。有的人將它翻譯爲「不定式」，也有人把它翻譯爲「過去式」。但是這兩種翻譯都不完全。這裡暫且將它翻譯爲過去式。

動時態第三人稱單數的 '*ποιεῖ*'，另一個動詞是主動時態不定式（in-finitive）'*πορεύεσθαι*'，它的意思是 'to bring, to carry, to furnish'。所以在柏拉圖的波盧思所說的這句話或許應該譯為「經驗根據技藝的確形成了（*ποιεῖ*），並提供給（*πορεύεσθαι*）我們生活的方針」，然而在 Lamb 的英文翻譯裡這句話是「因為經驗根據技藝引導我們生活的方針」（for experience conducts the course of our life according to art），所以在英文的翻譯裡並沒有把動詞 '*ποιεῖ*' 與不定式動詞 '*πορεύεσθαι*' 分別翻譯出來。在 R. Renehan 的翻譯裡，他把柏拉圖的波盧思這句話的兩個動詞都翻譯出來了：'experience makes 'our life to proceed in accordance with art'（「經驗使我們的生活『根據技藝往前進』」）。[69]

可是亞里斯多德的波盧思是這麼說：'*ἡ μὲν γὰρ ἐμπειρία τέχνην ἐποίησεν,...*'。這樣似乎亞里斯多德的波盧思與柏拉圖的波盧思所用的動詞時態不一樣。首先，亞里斯多德的波盧思省略掉現在式主動時態的不定式動詞 '*πορεύεσθαι*'。其次，他用過去式 '*ἐποίησεν*' 來表達，它是現在式 '*ποιεῖ*' 的過去式主動時態（aorist indicative, active tense）。在 Hugh Tredennick 的翻譯裡，是把這句話翻譯為 'experience produces art'，Tredennick 把過去式時態 '*ἐποίησεν*' 翻譯為英文的現在式 'produces'，他似乎是將 '*ἐποίησεν*' 理解為一種格言式的過去式（gnomic aorist）以表達一般的真理或者一般的描述。亦即，它單純地只是陳述過去發生的事情，讓讀者從具體案例中得出這樣的推論：過去曾經發生的事情現在還是經常正在發生，

---

[69] Ibid., p. 68.

例如：過去一直以來太陽都從東方升起，今天仍然如此。所以格言式的過去時態經常是代替描述普遍眞理的現在時態，它們可以相互交替使用。[70] 這樣從語法上來說，柏拉圖的波盧思與亞里斯多德的波盧思描述相同的一個事實。

在柏拉圖的《高爾吉爾》462b-c 裡，蘇格拉底與波盧思的對話如下：

波　盧　思：*Ἀλλὰ τί σοι δοκεῖ ἡ ῥητορικὴ εἶναι;*
　　　　　　你認為演說術是什麼呢？

蘇格拉底：*Πρᾶγμα ὃ φῂς σὺ ποιῆσαι τέχνην ἐν τῷ συγγράμματι ὃ ἐγὼ ἔναγχων.*
　　　　　　在我最近閱讀你的論文中，你說是某種形塑技藝的事物。

波　盧　思：*Τί τοῦτο λέγεις;*
　　　　　　你的意思是什麼呢？

蘇格拉底：*Ἐμπειρίαν ἔγωγέ τινα.*
　　　　　　我的意思是指某種習慣。

'*Πρᾶγμα ὃ φῂς σὺ ποιῆσαι τέχνην ἐν τῷ συγγράμματι ὃ ἐγὼ ἔναγχων*'（在我最近閱讀你的論文中，你說某種形塑技藝的事物），這裡蘇格拉底是用 '*ποιῆσαι*'，它是主動不定式的過去時態（aorist tense

---

[70] Herbert Weir Smyth. *Greek Grammar*, revised by Gordon M. ME, 1931, (Cambridge/Massachusetts: Harvard University Press, 1920), p. 431.

of active infinitive），且表示一種不涉及時間，而強調的是動作本身的一種事態（aspect）。[71] 而這種事態指的是一種持續性進行的動作，蘇格拉底稱它爲習慣。即一個過去的動作卻具有持久性的結果，這個結果在這句話裡是指 '$\pi\rho\tilde{\alpha}\gamma\mu\alpha$'，蘇格拉底稱它爲經驗（$\dot{\epsilon}\mu\pi\epsilon\iota\rho\dot{\iota}\alpha$）。以這樣的方式推論，那麼亞里斯多德的波盧思這句話出自於兩個地方，一個是在《高爾吉爾》448c，另一個是在《高爾吉爾》462b-c。這樣 Hugh Tredennick 在亞里斯多德的《形上學》的 981a4-5 裡指出亞里斯多德的那句話是出自於《高爾吉爾》448c 與 462b-c 似乎是補充 Jaeger 的註腳，後者主張只出自於《高爾吉爾》448c。如果是這樣的話，事實上 '$\pi o\iota\tilde{\eta}\sigma\alpha\iota$' 與 '$\dot{\epsilon}\pi o\dot{\iota}\eta\sigma\epsilon\nu$' 或 '$\pi o\iota\epsilon\tilde{\iota}$' 的意義是不一樣的，前者是描述一種習慣，而後者指的是一種一般的眞理。另一方面，柏拉圖的波盧思與亞里斯多德的波盧思的主張是有明顯的差別的，前者是指經驗必須依據技藝才能形成我們的生活方針，這句話並沒有說經驗會形成技藝，因爲單單經驗不能形成技藝。所謂技藝如上面我們說的它是一種專業的客觀知識，因此，它是可教導與可學習的。但是經驗不能教導，更無法學習。後者指的是經驗形成技藝，這就與柏拉圖的波盧思有差異了，因爲經驗如上所述頂多是技藝的必要條件。在蘇格拉底的思想裡他壓根兒不認爲波盧思所擁有的演說術是一種技藝，而是一種習慣，這個習慣成爲他的經驗。經驗是主觀的，它不具有客觀的知識做基礎。

以上突顯了一點，亞里斯多德以波盧思的主張來理解科學，他對科學的詮釋的出發點就與柏拉圖不一樣。在《形上學》I, 980b25

---

[71] Herbert Weir Smyth. *Greek Grammar*, revised by Gordon M. ME, 1865, p. 417.

裡，他說：

> 經驗似乎與科學及技藝十分相似，但實際上人們透過經驗獲得
> 科學與技藝。

亦即，經驗是科學與技藝的基礎。就亞里斯多德觀點而言，人類的
文明的第一步驟是從感覺到知識，此即記憶；第二步驟是由於對某
件事的相同種類的反覆的記憶，便有了經驗。於是他說：

> 當經驗作為一個整體在靈魂中建立起來時，它就是普遍
> 的，……它提供了技藝和科學的原理／起始點：有關創作
> （γένεσιν）是技藝，有關存有是科學（ἐπιστήμης）。（ἐκ δ᾽
> ἐμπειρίας ἢ ἐκ παντὸς ἠρεμήσαντος τοῦ καθόλου ἐν τῇ ψυχῇ, …
> τέχης ἀρχὴ καὶ ἐπιστήμης, ἐὰν μὲν περὶ γένεσιν, τέχνης, ἐὰν δὲ
> περὶ τὸ ὄν, ἐπιστήμης.） （Posterior Analytics, II, 100a5-9）

就亞里斯多德而言，技藝的形成是由於歸納法（ἐπαγωγή）。[72] 所
謂歸納法即是「從個別（特殊）的自明的本質中證明普遍性」[73]，
所有涉及理性訴求的可教和可學的事物都源於先存的知識（ἐκ
προϋπαρχούσης），即普遍性的知識。[74] 也就是說，對普遍性的知
識的掌握是從對個別事物中推論出來的。他指出所謂的技藝就

---

[72] Aristotle. *Posterior Analytics*, I, I. 71a10-11, p. 25.

[73] Aristotle. *Posterior Analytics*, I, I. 71a7, p. 25.

[74] Aristotle. *Posterior Analytics*, I, I. 71a1, p. 25.

是指從經驗的許多概念中對有關相同性的理解（περὶ τῶν ὁμοίων ὑπόληψις）形成單一的普遍判斷時，技藝就產生了，[75] 例如：當卡李阿斯患有這種或那種疾病時，這種或那種藥物對他有效。類似地，當蘇格拉底及其他許多個別的人也患有與卡李阿斯相同的疾病時，這種藥物或那種藥物對他們都同樣是有效的。因此醫生透過對卡李阿斯所下的某種藥，透過個別經驗的歸納，清楚地按類劃分，對患有與卡李阿斯相同疾病的蘇格拉底或柏拉圖只要開相同的藥全都會有效，這就是從個別按類劃分得出普遍的歸納法，從認識個別到認識普遍，這就是技藝的產生。[76] 所以一位有技藝的人，例如：醫生，就是掌握到個別包含在普遍內。因此，亞里斯多德說：

> 經驗是個別事物的知識，但是技藝是普遍性的知識，行動與產生的效果全都與個別事物有關。（*Metaphysics*, I. I.981a16-18）

因此，Werner Jaeger 認為技藝與個體的創造力完全相反，個體的創造力缺乏可遵循的概念規則，而技藝卻具有人們必須遵守的概念規則。即技藝與專業科學的概念是息息相關，例如：當我們想到某種特定專業科學的實際職業，我們不僅想到繪畫和雕塑，我們同樣甚至更多地想到醫學、戰爭的技藝或舵手的技藝等等。因此，這個詞表達了一種實踐的練習，它不僅基於赤裸裸的常規，而且還基於一般規則和固定的科學，以達到理論（*theôria*）的意義。[77]

---

[75] Aristotle. *Metaphysics*, I. I, 981a7-8, p. 5.

[76] Aristotle. *Metaphysics*, I. I, 981a9-20.

[77] Yip-Mei Loh. 'On Socrates' Criticisms of Sophistic Educational Practice' in《揭諦》31, (2016):

二、理論（*theôrein/theôria*）

希臘文名詞 '*θεωρία*' 的動詞是 '*θεωρεῖν*'。它的意思有「注視」、「觀察」、「知識」與「理論」（*theôria*）之外，還有另一個意思是指「對節慶活動的觀看」或「節日遊行的隊伍」。它的拉丁文的意思是指「沉思」（*contemplatio*）、「冥思」（*meditatio*）與「觀看」（*speculatio*）。[78]

就 '*θεωρία*' 的原始的意義而言，清楚地，它與「看」以及「宗教節慶」脫離不了關係。這樣，這個詞有兩個不同的層面的來源。就它是「看」的層面而言，它是由名詞 '*θέα*'（看）與動詞 '*ὁράω*'（看，拉丁文是 '*videre*'）組合而成的單詞。'*θέα*' 英文將它翻譯爲 'view' 或者 'sight'，與它相關的動詞是 '*θεάομαι*'。這種「看」是指心靈對抽象事物的注視而得出的一種理解與掌握。就它是「宗教節慶」的層面而言，它是由 '*θεός*'（神）與 '*ὁράω*' 組合而成的單詞。因此，它的意思是指心靈對神的注視與沉思。[79] 柏拉圖的 '*τὸ εἶδος*'（Form）與 '*ἡ ἰδέα*'（Form, Idea）這兩個詞，就是出自於現在動詞 '*ὁράω*' 的動詞變化。因爲現在式動詞 '*ὁράω*' 的 aorist 2 的動詞變化是 '*εἶδον*'（它的詞幹是 '*ἰδ-*'），其動詞不定式（aorist infinitive）的變化是 '*ἰδεῖν*'。因此，柏拉圖的中性名詞 '*τὸ*

132-133。

[78] Walter Mesch. '*theôrein/theôria*' in *Wörterbuch der antiken Philosophie*, Herausgegeben von Christoph Horn und Christof Rapp, (München: Verlag C.H.Beck oHG, 2001), S. 436；參考羅月美，「理論」，《哲學大辭書》，第六冊，（新北市：哲學文化月刊雜誌社，2016 年 7 月），頁 3312。

[79] 羅月美，「理論」，《哲學大辭書》，第六冊，頁 3313。

$εἶδος$' 與陰性名詞 '$ἡ$ $ἰδέα$' 都源自於 '$ὁράω$' 這個動詞的變化,它們的意思是「看」或「注視」。[80]但是必須注意的是,儘管希臘文的 '$θεάομαι$' 與 '$ὁράω$' 都是指「看」,但是它們的意思是有差異的。前者指的是一種對神的觀看,而後者是指一種感官上的看,例如:'$ὁ$ $ὁρώμενος$ $τόπος$'(「可見的感官世界」)。

很清楚的,'$θεωρία$' 這個詞最原始的意義是指一種看($θέα$)的察覺(das Wahrnehmen einer Schau),或者一種對神($θεός$)的注視或洞察(das Gewahren eines Gottes)。[81]也就是說,「當使節參與宗教的慶祝時,他們所從事的僅僅是一種觀看的活動。」[82]藉此,首先,這個詞逐漸發展爲對精神性活動的一種特別的,令人敬畏的或者崇高的形式的觀看,[83]例如:在亞里斯多德的《尼可馬克倫理學》裡 1177b 裡,他說:「我們的心智活動,因爲它是與理論知識有關的活動,被認爲比其他活動更有價值……。」($ἡ$ $δὲ$ $τοῦ$ $νοῦ$ $ἐνέργεια$ $σπουδῇ$ $τε$ $διαφέρειν$ $δοκεῖ$ $θεωρητικὴ$ $οὖσα$, ...)[84]其次,'$θεωρία$' 在柏拉圖的著作裡通常是指「一種單純爲節慶編寫的戲劇或者公開遊行」[85],例如:《法律篇》650a 中,柏拉圖說:'$μετὰ$

---

[80] 羅月美,「理論」,《哲學大辭書》,第六冊,頁 3313。

[81] Walter Mesch. '*theôrein/theôria*' in *Wörterbuch der antiken Philosophie*, S. 436;參考羅月美,「理論」,《哲學大辭書》,第六冊,頁 3313。

[82] 羅月美,「理論」,《哲學大辭書》,第六冊,頁 3313。

[83] 羅月美,「理論」,《哲學大辭書》,第六冊,頁 3313。

[84] Aristotles. *Die Nikomachische Ethik*, Übersetzt von Olof Gigon, neu herausgegeben von Rainer Nickel, 1177b, (Artemis & Winkler Verlag, Düsseldorf/Zürich, 2001), S. 442.

[85] 羅月美,「理論」,《哲學大辭書》,第六冊,頁 3313。參考 Walter Mesch. '*theôrein/theôria*' in *Wörterbuch der antiken Philosophie*, S. 436。

τῆς τοῦ Διονύσου θεωρίας’[86]（憑藉著對戴歐尼索斯的節慶的洞見）。

　　事實上，正如我們前面所談的那樣，理論生活的理想可以追溯到畢達哥拉斯（Pythagoras，大約西元前 570 年至 490 年），因為他把生活比作一場慶典聚會，只有最優秀的人才能前來觀看，而不是為了獲得財富或獲利。[87]理論生活的理想只有柏拉圖才能清晰地展現出來，他的哲學試圖引發對相（Ideen）和第一因／終極原理（archê）的思考。[88]但是在柏拉圖的作品裡，當他談論到光的概念時，他還是使用 ‘*θεωρία*’ 這個詞來描述，例如：在《斐多篇》99d 裡，他做了一個太陽的隱喻：‘*οἱ τὸν ἥλιον ἐκλείποντα θεωροῦντες καὶ σκοπούμενοι*’（人們在日食期間觀察太陽）[89]。直至亞里斯多德時 ‘*θεωρία*’ 這個詞才真正地被固定使用來描述心靈的「看」或「沉思」。在《尼可馬克倫理學》的第十卷裡，他主張最高的幸福的生活是一種沉思的生活，即與神同在的生活，[90]更進一步聲稱沉思是最具持續性的（1177a21-22）、最令人感到愉悅的（1177a25-26），最自給自足的（1177a27-b1），最閒暇的（1177b4-25）。

　　在《尼可馬克倫理學》的第一卷裡，亞里斯多德區別的三

---

[86] Plato. *Laws*, 650a, translated by R. G. Bury (London/England: Harvard University Press, first published 1926), pp. 84-86.

[87] Cicero. *Tusculan Disputations*, translated by J.E. King, V, iii (London/England: Harvard University Press, first published 1927), pp. 431-433. Cf. Walter Mesch. ‘*theôrein/theôria*’ in *Wörterbuch der antiken Philosophie*, S. 436.

[88] Walter Mesch. ‘*theôrein/theôria*’ in *Wörterbuch der antiken Philosophie*, S. 436.

[89] Plato. *Phaedo*, 99d, translated by Harold North Fowler, (London/England: Harvard University Press, first published 1914), p. 342. Cf. Walter Mesch. ‘*theôrein/theôria*’ in *Wörterbuch der antiken Philosophie*, S. 436.

[90] Aristotles. *Die Nikomachische Ethik*, X, 7-8, 1177a15-1179a30, S. 438-449.

種生活：享樂的生活（*ὁ ἀπολαυστικὸς βίος*）、政治實踐的生活
（*ὁ πολιτικὸς βίος*）與理論的生活（*ὁ θεωρητικὸς βίος*）。[91]Walter
Mesch 認為亞里斯多德的這樣的一種區分不僅造成了歷史上重要的
理論與實踐的分離，且違背了柏拉圖以精確的哲學知識指導個人和
政治實踐的目標。[92]亞里斯多德認為政治實踐的生活與理論的生活
的區別是，關於政治的實踐方面，一切都可能總是有許多不確定的
變化，哲學家只是根據它的輪廓和最成功的方面來科學地對它進行
闡述。他說：

> 高貴和正義──這兩者是政治學的主題──表現出如此的對立
> 和如此的不穩定，以至於人們可能會認為它僅僅基於約定俗
> 成，而不是基於自然。在商品方面也存在著同樣的不確定的因
> 素；因為許多人因此而受到傷害：有些人因財富而滅亡，另一
> 些人卻因勇敢而死亡。（Aristotles. *Die Nikomachische Ethik*,
> 1194b15-21, S. 11）

相反地，精確的知識即科學只有在理論（*θεωρία*）上才有可
能，所謂理論是指存有的永恆性的或必然的原理和原因，並且為了
知識本身（即科學）而尋求知識而不擔憂其利益。[93]根據亞里士多
德，有關於理論的科學，它探討有關存有作為存有（*περὶ τοῦ ὄντος
ᾗ ὄν*），與物理學或數學相比，神學作為一門理論的科學被認為是

---

[91] Aristotles. *Die Nikomachische Ethik*, I, 3, 1095b17, S. 16.

[92] Walter Mesch. '*theôrein/theôria*' in *Wörterbuch der antiken Philosophie*, S. 437.

[93] Aristotle. *Metaphysics*, I, 2, 982a4 ff, p. 9.

最高的（理論的）科學或第一哲學（$\dot{\eta}$ $\pi\rho\dot{\omega}\tau\eta$ $\Phi\iota\lambda o\sigma o\varphi\iota\alpha$）。[94]

▍參・作爲哲學的神學

亞里斯多德在《形上學》第二卷裡主張理論科學（$\theta\varepsilon\omega\rho\eta\tau\iota\kappa\acute{o}\varsigma$）或第一哲學是探討所有事物存在的第一因（*archê*），並稱這些第一因的知識爲智慧（$\sigma o\varphi\iota\alpha$）。[95]智慧在基督宗教哲學裡是一個重要的角色。在歐利根的思想裡基督被稱爲智慧（*Sapientia*）與首生（*primogenitus*），祂是天父的智慧（*dei sapientiam*）。[96]克里斯多夫・霍恩說奧古斯丁也把基督理解爲智慧，祂是一切事物所導向的尺度（即智慧），誰擁有了神的智慧，亦即擁有了神，他就是幸福的。[97]因此，第一哲學是研究萬物之中的第一因或第一原理，即存有作爲存有。祂是永恆不變。亞里斯多德稱這門科學爲神學。它是一切科學的基礎。

希臘哲學——尤其柏拉圖哲學——對早期基督宗教教父思想的影響是功不可沒。克雷蒙（Clement of Alexandria）在《雜集》（*Stromateis*）裡主張哲學是一門爲基督宗教預備的科學，即初步的教育。他說：[98]

94　Aristotle. *Metaphysics*, VI, I, 1025b-1026a, pp. 293-299.
95　Aristotle. *Metaphysics*, I, II, 982a4-6, p. 9.
96　Origen. *On First Principles*, Vol. 1, 1.2.1-1.2.2, p. 41. Cf. Clement, *Stromateis*, translated by John Ferguson, BK I, 18, 88 (1), (Washington, D.C. : The Catholic University of America Press, 1991), p. 90.
97　克里斯多夫・霍恩著（Christoph Horn）。《奧古斯丁哲學思想導論》，頁 56。
98　Clement. *Stromateis*, translated by John Ferguson, BK I, 5, 28 (1), pp. 41-42.

因此，在主到來之前，哲學是希臘人走向正義的重要指引。目前，它是敬畏上帝的有用指引。對於那些試圖透過證明來聚集信仰的人來說，這是一種初步教育。……哲學也是上帝直接賜給希臘人的禮物。因為哲學之於希臘世界就像摩西法律之於希伯來人一樣，是護送他們走向基督的導師。所以哲學是一個準備過程；它為基督所代表的人打開了通往最終目標的道路。

清楚地，哲學與神學的緊密關係在克雷蒙的以上描述之下清晰可見。就克雷蒙而言，哲學是神學最卓越的訓練，[99] 早期基督教護教士或教父認為研究《聖經》的學者如果他們缺乏了哲學就像一位穿上軍服的軍人手上卻沒有武器打仗那樣。因此，早期基督教護教士或教父在研究神學之前，哲學是他們的必備的課程，缺乏後者的訓練就無法真正的能對《聖經》做詮釋及對《聖經》中真理的捍衛。也就是說，神學缺乏哲學就像是一根沒有燃燒的蠟燭，由於沒有火源將它點燃，它就無法照亮黑暗那樣。因為哲學能幫助我們對身體欲望的掌控，把我們引導至智慧的領悟中。[100] Theo Kobusch 認為歐利根的哲學概念源自於柏拉圖式的，不僅在內容和特徵上也具有柏拉圖式的特徵，而且將柏拉圖意義上的基督教造詣理解為「真正的哲學」（"wahre Philosophie"），因為它代表了基督教的真理。因此，基督教是一種哲學真理，可以透過自然理性來理解，而《聖經》本身也是哲學。[101]

---

[99] Clement. *Stromateis*, translated by John Ferguson, BK I, 6, 33 (1), p. 46.

[100] 馬克·愛德華斯著（Mark Julian Edwards）。《歐利根駁斥柏拉圖》，羅月美譯，（臺北：五南出版社），頁37。

[101] Theo Kobush. 'Produktive Rezeption – Zum Platonismus des ‚christlichen Philosophen' Ori-

　　Theo Kobusch 更進一步指出，當歐利根將所羅門的《箴言》、《傳道書》與《雅歌》理解為一個重要的哲學學科的代表時，即理解為道德哲學、自然哲學和《聖經》的形上學時，他將它們描述為「真正哲學的基礎」，[102] 例如：柏拉圖其中一個重要的概念影響歐利根哲學神學的是他在《泰阿泰德》（*Theaitetos*）176A 裡詮釋的「與神相似」或「與神相符」（*ὁμοίωσις θεῷ*）的概念。[103] 克利斯提安・洪農（Christian Hornung）認為在歐利根的哲學神學的架構上柏拉圖的「與神相似」的主題似乎是人的課題與目標。因此，憑藉著德性，人能夠超越世界，與神相符合，且獲得善的真實的知識。[104] 柏拉圖主義者與教父們都將這種知識與對人的真實自我（one's true self）的理解連繫起來，真實的自我是人的理智魂（man's intellectual soul）。[105] 但這不能把它完全地理解為如 George Karamanolis 所主張的，即當時教父們似乎把哲學（*philosophia*）理解為一種「苦行的生活」（'ascetic life'）。[106] 因此，奧古

---

genes' in Origenes der Christ und Origens der Platoniker, Herausgegeben von Balbina Bäbler und Heinz-Günther Nesselrath, (Tübingen: Mohr Siebeck, 2018), S. 64.

[102] Theo Kobusch. 'Produktive Rezeption – Zum Platonismus des "christlichen Philosophen" Origenes', S. 64.

[103] 克利斯提安・洪農（Christian Hornung）著。〈論亞歷山大學派的克雷蒙與歐利根的與神相似的及摹仿的觀念─早期基督宗教中對柏拉圖的接受〉，羅月美譯，收錄在《哲學與文化》，黎建球與克里斯多夫・霍恩（Christoph Horn）主編，第五十卷第五期，2023年 5 月：72。參考 George Karamanolis. *The Philosophy of Early Christianity* (The US: Acumen Publishing Limited, 2013), p. 49。

[104] 克利斯提安・洪農（Christian Hornung）著。〈論亞歷山大學派的克雷蒙與歐利根的與神相似的及摹仿的觀念─早期基督宗教中對柏拉圖的接受〉，羅月美譯，第五十卷第五期，2023 年 5 月：72。

[105] George Karamanolis. *The Philosophy of Early Christianity*, p. 49.

[106] George Karamanolis. *The Philosophy of Early Christianity*, p. 30.

斯丁在《論眞正的宗教》裡所主張「只要改變一些詞彙和情感，柏拉圖主義者就可成爲基督徒」[107]。

　　另一方面，歐利根主張《聖經》裡的話是默示的，因此《聖經》包含有啓示的眞理。他在《論第一原理》的第四卷書裡特別討論《聖經》是神靈的啓示（*divinitus inspiratae*）。他說：[108]

> ……經文本身是神聖的，也就是説，是受上帝之靈啓發的（*...ipsae scripturae divinae sint, id est dei spiritu inspiratae.*）。因此，我們將盡可能簡短地確立這一點，透過提供神聖經文本身的段落，這些段落可以適當地給我們留下深刻的印象，即首先來自希伯來民族的立法者摩西，然後〔接著〕來自基督教宗教和教義的創始人和領袖耶穌基督的話。

柏拉圖在《依安》（*Ion*）裡也討論好的詩人所創作出來的優秀的作品的靈感是來自於神明的，他說：

> 因為詩人是一種輕盈、有翅膀和神聖之物，除非神內住在他之內（ἔνθεος），使他失去了理智，以及他的心智也不再在他身上，否則他永遠無法創作。……由此可見，他們撰寫和説出如此多關於人類行為的美好事物並不是透過技藝，而是透過神明的安排（θεία μοίρα）。（*Ion*, 534b-c）

---

[107] Augustine. *Of True Religion*, Introduction by Louis O. Mink, Translated by J. H. S. Burleigh (Chicago: Henry Regnery Company, 1968), p. 9；參考克里斯多夫・霍恩著（Christoph Horn）。《奧古斯丁哲學思想導論》，頁 39。

[108] Origen. *On First Principles*, 4.1.1., p. 458.

因此，真正的詩人的創作是出自於神，他們僅是神的代言人。當他們被神擁有以及心智被神掌握時，神透過他們把祂的話或聖言創作出來告訴人類，真正的詩人的創作是一種神聖的瘋狂（divine madness）。柏拉圖說，這是神親自透過他們向我們說話和講話，他們是神的詮釋者，所以他們所創作出來的作品不是人的作品，而是神的作品。[109] 亦即，真正的詩人的作品是神所默示的。這就像在《約翰福音》第十四章，第十節裡，耶穌說：「我對你們所說的話不是憑著自己說的，而是住在我裡面的父在做他的工作。」那樣。[110]

相同地，在《理想國》499c 裡柏拉圖描述有少數真正的哲學家受到神明的啟示 ‘θείας ἐπιπνοίας’，對真正的哲學有了真正的愛（ἀληθινῆς φιλοσοφίας ἀληθινὸς ἔρως），並創作許多好的哲學作品為神學作預備，例如：歐利根就向柏拉圖借用了「啟示」（‘ἐπιπνοία’）這個概念來證明寫作的神聖起源。[111] 在《駁瑟蘇斯》（Contra Celsum）第六卷裡歐利根也遵循柏拉圖的觀點，他認為只有極少數的人被神擁有而創作，這樣的作品才是真正的作品，因為這些作品是來自神聖的靈感的創作，而不是來自於人的創作。在那裡他主張，人類對上帝知識的經驗是極少的，並且只有極少數人能夠發現到，《聖經》中就告訴我們摩西就是極少數人中的其中一

---

[109] Plato. *Ion*, 534d-e translated by W.R.M. Lamb, (London/England: Harvard University Press, 1925), pp. 423-425.

[110] 《新約聖經‧約翰福音》，第十四章，第十節，（香港：香港聖經公會，2007.05）。在古代希臘社會中，詩人既是祭士，因此，詩人既是神的代言人。在基督宗教裡，先知即是神的代言人。

[111] Theo Kobush. 'Produktive Rezeption – Zum Platonismus des "christlichen Philosophen" Origenes', S. 65.

位，他爲神所用而寫下了《摩西五書》。[112]換句話說，歐利根承認柏拉圖的學說與觀念，尤其是他的《第七封書信》裡的不可言說的「第一善」就像一道在刹那間在人的靈與魂中點燃的火一樣，是出自於神的啓示，柏拉圖的哲學是神賜給人類的禮物，尤其在《斐德羅篇》（*Phaedrus*）裡所提到的那樣，眞正的哲學是由神明以「光照和靈感」的形式（in Form von 'Illuminationen und Inspirationen' von Göttern）賜給人類。[113]即，眞正哲學的作品是出自於神的感應與啓明，這種知識是與證明性的知識（例如：數學的知識）相反。[114]而這道光照與啓示歐利根將它們詮釋爲出自於保羅在《希伯來書》第一章，第三節裡所說的那是來自神子的永恆之光的亮光（*filius splendor lucis aeternae sit*）。[115]因此，Theo Kobusch 這樣描繪歐利根與柏拉圖的關係：「歐利根將柏拉圖意義上的基督教教義理解爲『眞正的哲學』，因爲它代表了基督教的眞理。」[116]這也難怪中世紀時期的一位義大利神學家聖多瑪斯・阿奎納（Thomas von Aquin，西元 1225 年至西元 1274 年[117]）說：「在很多方面歐

---

[112] Origen. *Contra Celsum*, VI, 17 (Freiburg im Breisgau/Germany: Verlag Herder GmbH, 2012), S. 1039-1041

[113] Theo Kobush. 'Produktive Rezeption – Zum Platonismus des "christlichen Philosophen" Origenes', S.65. Cf. Origen. *Contra Celsum*, VI, 17 (Freiburg im Breisgau/Germany: Verlag Herder GmbH, 2012), S. 1040.

[114] Theo Kobush. 'Produktive Rezeption – Zum Platonismus des "christlichen Philosophen" Origenes', S. 65.

[115] Origen. *On First Principles*, 4.4.1., p. 562；歐利根把希臘文的 '*doxa*'（榮耀）理解為拉丁文的 '*splendor*'（亮光）。神是永恆之光（*Deus **lux** est*），神子，即耶穌，是神的永恆之光的亮光（***splendor** lucis aeternae*）。

[116] Theo Kobush. 'Produktive Rezeption – Zum Platonismus des "christlichen Philosophen" Origenes', S. 64.

[117] 聖多瑪斯是一位道明會（Dominican Order，又可翻譯為多米尼克修會）的神學家，也是

利根都遵循柏拉圖的意見。」（*Origenes in pluribus Platonicorum opinionem sectatur*）[118]

▎結語

柏拉圖哲學與基督宗教神學的關係是不可切割的，任何試圖想要把它們分開的人都會徒然無功，因爲柏拉圖的學說本身就是哲學的神聖靈感[119]。即，從「哲學」這個詞彙本身來看，它的意思就是對神（即智慧）的追求與熱愛，對它的研究就是研究神的話語。當眞正的哲學家的心智注視著（θεωρεῖν）神時，他的心智被神所掌握，神就透過他把祂的話以創作的方式或者口傳的方式傳遞給我們，這種的創作過程稱爲神聖的瘋狂。就歐利根而言，基督信仰本身就是一門《聖經》哲學，它是神的默示與啓明給人的眞正的哲學，即神的科學（*epistêmê*）。這門神聖的科學區別於人的知識（τὸ εἰδέναι）與技藝（ἡ τέχνη），因此，它的創作不來自於人，而是來自於神聖的光照與靈感。

中世紀時期最有影響力與重要的神學家。他出生在義大利的羅卡塞卡（Roccasecca）。他最重要但卻沒有完成的一部作品是《神學大全》（*Summa Theologica*）。其神學思想主要是受到亞里斯多德哲學的影響。

[118] Theo Kobush. 'Produktive Rezeption – Zum Platonismus des "christlichen Philosophen" Origenes', S. 60；亦可參考多瑪斯的作品，Articulus 6, ad 2：https://catholiclibrary.org/library/view?docId=/Medieval-OR/ThomasAquinasSDePotentia.00000381.la.html&chunk.id=00000127. 在那裡多瑪斯說：'*Ad secundum dicendum, quod **Origenes in pluribus Platonicorum opinionem sectatur**; unde huius opinionis fuisse videtur quod omnes substantiae creatae incorporeae sint corporibus unitae, quamvis etiam hoc non asserat, sed sub dubitatione proponat, aliam etiam opinionem tangens.*'。

[119] Theo Kobush. 'Produktive Rezeption – Zum Platonismus des "christlichen Philosophen" Origenes', S. 65.

▌參考書目

Aristotles. *Die Nikomachische Ethik*, Übersetzt von Olof Gigon, neu herausgegeben von Rainer Nickel, Artemis & Winkler Verlag, Düsseldorf/Zürich, 2001.

_____. *Metaphysics,* translated by Hugh Tredennick, England: Harvard University Press, 1933.

_____. *Posterior Analytics*, translated by Hugh Tredennick England: Harvard University Press, 1960.

Augustine. *Of True Religion*, Introduction by Louis O. Mink, Translated by J. H. S. Burleigh, Chicago: Henry Regnery Company, 1968.

Clement. *Stromateis*, translated by John Ferguson, Washington, D.C.: The Catholic University of America Press, 1991.

Cicero, Marcus Tullius. *Tusculan Disputations*, translated by J.E. King, London/England: Harvard University Press, 1945.

_____. *Tusculan Disputations – Also, Treatises On the Nature Of The Gods, And On the Commonwealth*, New York/the US: Harper & Brothers, Publishers, 1877.

Horn, Christoph. *Philosophie Der Antike*, München/Deutschland: Verlag C.H. Beck, 2013.

_____. 'Technê' in *Wörterbuch der antiken Philosophie*, Herausgegeben von Christoph Horn und Christof Rapp, München/Deutschland: Verlag C.H. Beck oHG, 2002.

Karamanolis, George. *The Philosophy of Early Christianity*, The US:

Acumen Publishing Limited, 2013.

Kobush, Theo. 'Produktive Rezeption – Zum Platonismus des "christlichen Philosophen" Origenes' in *Origenes der Christ und Origens der Platoniker*, Herausgegeben von Balbina Bäbler und Heinz-Günther Nesselrath, Tübingen: Mohr Siebeck, 2018.

Loh, Yip Mei and Li, Bernard. 'Ancient Philosophers in the Age of Digitalisation' in *The Philosophy of Early Christianity in The Era of Digitalisation*, edited by Yip Mei Loh, the UK: Cambridge Scholars Publishing, 2021.

_____. 'On Socrates' Criticisms of Sophistic Educational Practice' in《揭諦》31,（2016）: 101-144.

Mesch, Walter. '*theôrein/theôria*' in *Wörterbuch der antiken Philosophie*, Herausgegeben von Christoph Horn und Christof Rapp, München: Verlag C.H.Beck oHG, 2001.

Origen. *On First Principles*, edited and translated by John Behr, Oxford/the UK: Oxford University Press, 2017.

_____. *Contra Celsum*, Freiburg im Breisgau/Germany: Verlag Herder GmbH, 2012.

Plato. *Gorgias* 448c, translated by W.R.M. Lamb, London/England: Harvard University Press, first published 1925.

_____. *Ion*, translated by W.R.M. Lamb, London/England: Harvard University Press, 1925.

_____. *Laws*, BK 1-6, translated by R. G. Bury, London/England: Harvard University Press, first published 1926.

_____. *Phaedo*, translated by Harold North Fowler, London/England: Harvard University Press, first published 1914.

_____. *Republic*, BK 1-5, edited and translated by Chris Emlyn-Jones, London/England: Harvard University Press, 2013.

Renehan,R.. 'Polus, Plato and Aristotle' in *The Classical Quarterly,* New Series, Vol. 45, No. 1, (1995): 68-72.

Smyth, Weir Herbert. *Greek Grammar*, revised by Gordon M. ME, Cambridge/Massachusetts: Harvard University Press, 1920.

Wallis, R.T.. *Neo-Platonism*, London: Gerald Duckworth & Company Limited, 1972.

古斯塔夫・亞努赫（Gustav Janouch）著。《與卡夫卡對話》（*Gespräche mit Kafka*），林宏濤譯，臺北市：商周出版，城邦文化出版，2014 年 1 月 22 日。

克利斯提安・洪農（Christian Hornung）著。〈論亞歷山大學派的克雷蒙與歐利根的與神相似的及摹仿的觀念—早期基督宗教中對柏拉圖的接受〉，羅月美譯，收錄在《哲學與文化》，黎建球與克里斯多夫・霍恩（Christoph Horn）主編，第五十卷第五期，2023 年 5 月：頁 71-93。

克里斯多夫・霍恩（Christoph Horn）著。《奧古斯丁哲學思想導論》，羅月美譯，臺北：五南出版社，2021 年 3 月。

馬克・愛德華斯（Mark Julian Edwards）著。《歐利根駁斥柏拉圖》，羅月美譯，臺北：五南出版社。

《新約聖經・約翰福音》，香港：香港聖經公會，2007 年 5 月。

羅月美。〈歐利根論心智〉收錄在《哲學與文化》，馬克・愛德華斯、羅月美主編，第 48 卷，第 9 期，2021 年 9 月：頁 81-97。

羅月美。「理論」，《哲學大辭書》，第六冊，新北市：哲學文化月刊雜誌社，2016 年 7 月，頁 3312-3313。

第一章　早期基督宗教哲學

▍壹‧埃及的亞歷山大城

　　一提到早期基督宗教哲學，這是難以避免的會觸及到埃及的亞歷山大城。埃及是古代文明之地；柏拉圖在他的《蒂邁歐》（Timaeus）21e-22b 裡談論到他的母親的祖先索倫（Solon）在埃及裡遇到一位老祭司的故事，他認為相較於埃及的文明與文化，希臘人在這方面還是嗷嗷待哺的小孩。在《聖經‧舊約》裡，我們知道《摩西五書》（the Pentateuch）記載了埃及的事件。而關於鄰近埃及的亞歷山大城（Alexandria），我們除了知道這是猶太人斐羅（Philo）的故鄉之外，更知道歐利根的哲學神學以及新柏拉圖主義創立於此。這樣，這似乎看起來基督教與埃及的關係是脣齒相依，更不用說在希臘化時期中，早期基督教的哲學神學與埃及的關係了。有鑑於此，在研究歐利根的思想時，讓我們大略地對當時的亞歷山大城有一個簡短的介紹以便我們更能理解他的哲學神學的誕生。

亞歷山大城的源起

　　亞歷山大城可以說是位在埃及土壤裡的一座希臘城市。希臘哲

學家亞里斯多德（大約西元前 384 至西元前 332 年）的學生亞歷山
大帝（Alexander the Great，大約西元前 356 至西元前 323 年）於
西元前 332 年肆無忌憚地橫掃埃及時，他選擇了尼羅河三角洲西部
邊緣地中海和馬里歐提斯湖（Lake Mareotis）之間的狹長地帶——
這個地方當時稱爲拉克提斯（Rakotis），它是一個小漁村與港
口——以他自己的名字命名它 [1]；並指派一位來自希臘羅德島的建築
師——同時也是他的顧問——迪洛克拉底（the Rhodian Dinocratês）
規劃這座城市。迪洛克拉底把它布置成網格，這是希臘化城市的正
常規劃。[2] 根據凱撒利亞的優色比烏斯（Eusebius of Caesarea，大約西
元 260/263-339/340 年）在《教會史》裡的描述，歐利根的學生迪奧
尼修斯（Dionysius）是西元 247 年時亞歷山大城的主教，他對這個
港口的描述是「寧靜且無浪」。[3] 在《使徒行傳》第二十七章，第六節
記載「在那裡，百夫長找到一艘亞歷山大的船要往義大利」[4]，以及第
二十八章，第十一節裡又說「過了三個月，我們又上了亞歷山大的
船啓航」[5]。從以上這些可以證明，亞歷山大城從希臘化時期到羅馬帝
國時期的重要性是不能輕易地被取而代之的。

　　當亞歷山大帝於西元前 323 年在巴比倫（Babylon）過世時，

---

[1] Ronald E. Heine. *Origen – Scholarship in the Service of the Church*, (Oxford University Press, 2010), p. 1.

[2] Ibid., p. 2. Cf. Plutarch. *Hellenistic Lives, including Alexander the Great*, a new translation by Robin Waterfield, (Oxford University Press, 2016), pp. 73-74.

[3] Eusebius. *Ecclesiastical History*, translated by J. E. L. Oulton, (London/England: Harvard University Press) VII, xxi, p. 181；參考 Ronald E. Heine. *Origen – Scholarship in the Service of the Church*, p. 2。

[4] 《新約聖經》，香港：香港聖經公會。這裡的亞歷山大即是亞歷山大城。

[5] Ibid.

他的過世的原因眾說紛紜，但他所建立的王國並沒有繼承者。[6]他的更強大的戰友卻為了這個領土而爭奪數年，最終出現了三個強大的家族，控制了他所征服的主要領土。安提柯人（the Antigonids）控制了希臘和馬其頓地區；塞琉人（the Seleucids）占據了敘利亞、美索不達米亞和小亞細亞地區；以及托勒密人（the Ptolemies）擁有埃及和巴勒斯坦（Palestine），北至黎巴嫩。[7]顯然地，亞歷山大帝只選擇了那個地方，並以他自己的名字命名那個地方之後沒有活多久就過世了。亞歷山大城的建立的真正創建者是亞歷山大帝的一位將軍，名為救主托勒密一世（Ptolemy I Soter，大約西元前367-283年）；他在亞歷山大帝所選擇的地點拉克提斯沿著法羅斯島上（Pharos）的一個村莊被併入了這座城市裡，並使得它成為羅馬帝國的第二大城市。[8]除此之外，他企圖完全以希臘為中心來打造他的博物館和圖書館，因此，圖書館所收集的書籍都是希臘文的圖書，如果不是希臘文的原著書籍，它們也會被翻譯為希臘文。[9]至於博物館方面，它的主要角色是提升學習希臘文、希臘的文學、藝術與科學。[10]因此，小孩子在學校學習希臘語言，並以希臘的文化的方式接受教育，而忽略了所有埃及的文化。顯然地，希臘人和埃及人共同生活在埃及的亞歷山大城，但彼此並沒有真正的互動。[11]

---

[6] Plutarch. *Hellenistic Lives, including Alexander the Great*, a new translation by Robin Waterfield, p. 74. Cf. Ronald E. Heine. *Origen – Scholarship in the Service of the Church*, p. 1.

[7] Ronald E. Heine. *Origen – Scholarship in the Service of the Church*, p. 1.

[8] Ibid., pp. 2-3；在希臘文裡 Soter 的意思是「救主」。

[9] Ibid., p. 5, pp. 14-15. 參考克里斯多夫・霍恩（Christoph Horn）著。《奧古斯丁──哲學思想導論》，羅月美譯，（臺北：五南出版社，2020年5月），頁1。

[10] Ibid.

[11] Ibid. pp. 5-6.

這樣理所當然，不論在政治上與經濟上，埃及人就無法享有與希臘人一樣的權利和權力。希臘人在亞歷山大城所擁有的這樣的一種特權直到羅馬帝國占領了這座城市後逐漸地被羅馬人所取代。[12]

　　以上顯示，亞歷山大城人口一開始就是混合的。它的最主要的族群有希臘人、猶太人與埃及人，較晚時期有羅馬人。但是由於它是一個商業的十字路口，其他的種族也稀稀落落的出現在這裡。[13]所以基本上它是一座各種族聚集的城市。這座城市被分為五個區，每個區由希臘字母表的前五個字母之一指定。這樣的一個劃分是在西元前三世紀完成的，到了西元四世紀時仍然在使用著這個劃分。[14]在羅馬時期由希臘人所占領，後來被羅馬人所占據的區域被稱為布魯謝安翁區（the Brucheion）。[15]這個地區是宮殿、國家建築和寺廟的所在地，也是希臘人和羅馬人的居住區；此外，還有博物館及圖書館可能也位於這一區裡，儘管我們今天並不知道它們的確切位置。[16]而猶太人的人口分散在亞歷山大城各大部分，但大多數定居在位在布魯謝安翁區的西邊，也有定居在亞歷山大城的西北部區域的希臘文的第四個字母 Delta 區域，位在拉克提斯區（Rakotis district）以北的地方。[17]Ronald Henie 認為歐利根的家人可能就居住在布魯謝安翁區邊緣的亞歷山大城的希臘居民中。[18]亞歷山大

---

[12] Ibid., p. 7.

[13] Ibid., p. 3.

[14] Ibid.

[15] Ibid.

[16] Ibid.

[17] Ibid., p. 4.

[18] Ibid., p. 20.

城的西南邊以古村落的名稱命名爲拉克提斯（Rakotis），這是當
地埃及人居住的區域。據說托勒密（Ptolemy）爲了讓埃及人融入
到希臘文化裡，於是他建造了一座古希臘式的亞歷山大城的斯拉比
翁（Serapeum of Alexandria）的神廟，供奉亞歷山大城的保護神
塞拉皮斯神（god Sarapis 或者 Serapis）。除此之外，這裡還蓋有
一座圖書館，歐利根就使用在這裡的這座圖書館。[19] 這座城市一直
以來吸引著來自埃及的農村的人們來就業。[20] 根據歐利根在《駁瑟
蘇斯》（Contra Celsum）裡對這位神的描述：[21]

> 關於塞拉皮斯有一個漫長而矛盾的故事：他在昨天或前天在托
> 勒密的某些魔法術的幫助下被曝光。托勒密想向亞歷山大城的
> 居民展示這一位可見的神。我們從畢達哥拉斯主義者努美尼
> 烏斯（Numenius）那裡讀到了關於他（筆者：塞拉皮斯）的
> 本性（Beschaffenheit），他分享了所有生物和植物的本質。
> （《駁瑟蘇斯》5, 38）

以上清楚的表明，在托勒密時代有兩個重要的機構：一個是位在拉
克提斯區的斯拉比翁神廟與圖書館，另一個是位在布魯謝安翁區的
著名的博物館式的圖書館（Museum library）[22]。

---

[19] Ibid., p. 22.
[20] Ibid. pp. 4, 11.
[21] Origen. *Contra Celsum*, übersetzt von Claudia Barthold, 5, 38 (Freiburg im Breisgau/Germany: Verlag Herder GmbH, 2012), S. 951.
[22] 'Museum' 的意思是指「繆斯女神（the Muses）的聖地」。

　　亞歷山大帝的重要性在於他推翻波斯帝國——在波斯國王大流士三世（Darius III）被他的總督貝蘇斯（Bessus）殺死時——把貝蘇斯殺死之後，他使得希臘—馬其頓人（Greco-Macedonian）對東方的統治成爲可能，後來被稱爲希臘化時期（Hellenistic period）。[23] 而亞歷山大城在整個希臘的和後來的羅馬的統治期間一直是政府所在地。它從來都不是埃及人的城市；它從未在埃及人的控制之下。而住在亞歷山大城裡的希臘人把他們的城市描述爲「靠近」或「鄰近」埃及的城市。[24] 換句話說，希臘人把他們自己的教養（*paideia*）深耕在異鄉埃及的亞歷山大城的土壤裡。相同地，埃及已經成爲一個充滿著希臘文化的國度。不僅如此，亞歷山大城的猶太人和其他外國團體一樣，獲得了組建自己的政治的權利，即他們被允許組織自己的事務並按照他們的習俗和傳統生活，儘管沒有完全的政治自主權。希臘文化在近東的文化霸權已經完成，就連巴勒斯坦的猶太教也無法逃脫其影響，但希臘文化對亞歷山大城的猶太人的影響要深遠得多。希臘語已成爲所有亞歷山大城猶太人使用的語言。因此，必須將猶太人的神聖經文翻譯成希臘語。《七十士譯本》（*the Septuagint*）包含希臘語的《妥拉》（*Torah*），賦予亞歷山大城的猶太教身分的認同。[25] 馬克·愛德華斯說：「希臘的文化入侵到幾乎所有在《聖經》裡已提過的國

---

[23] Plutarch. *Hellenistic Lives, including Alexander the Great*, a new translation by Robin Waterfield, (Oxford University Press, 2016), p. 3, and pp. 49-50.

[24] Ibid., p. 5.

[25] David T. Runia. *Philo of Alexandria and the Timaeus of Plato* (Leiden: E. J. Brill, 1986), pp. 32-33.

家裡」，[26] 這是再真實不過的描述了。柏拉圖哲學在這座城市裡生長，並茁壯。因此，在學術上，它（即亞歷山大城）代表柏拉圖主義，正如 101 大樓代表臺北那樣。[27]

　　總言之，亞歷山大城除了是希臘人在埃及的一個商業貿易與行政中心之外，它更是一個學術文化中心，同時它也是羅馬人在埃及的行政中心，繁榮的港口和商業中心，也是各國人民的匯合點。儘管到了斐羅時代，它已經進入了漫長的衰落時期，但亞歷山大城仍然是希臘文化的強大堡壘，體現在希臘城市的制度和傳統中，體現在其寺廟和柱廊的引人矚目的古典主義中，尤其是在那些文化霸權（cultural supremacy）的可見象徵——博物館和圖書館。[28] 儘管尤利烏斯·凱撒（Julius Caesar，西元前 100-44 年）的軍隊燒毀了部分的圖書館，它在學術上的重要性在當時卻仍然是屹立不搖。[29] 中期柏拉圖主義在這座城市裡逢勃發展，例如：斐羅與歐利根都是中期的柏拉圖主義者；而新柏拉圖主義也誕生於此。清楚地，儘管哲學起源於古代希臘的米利都（Miletus），可是當它發展到某個階段時，卻在埃及的亞歷山大城興起，並影響到北非修辭學家與大主教奧古斯丁（西元 354-430 年）的釋經學與神學的思想。

　　另一方面，我們也必須注意的是，亞歷山大城的重要性並沒有因為歐利根的過世而沒落；相反地，在西元第四與第五世紀時，

---

[26] 馬克·愛德華斯（Mark Julian Edwards）著。《歐利根駁斥柏拉圖》，羅月美譯，（臺北：五南出版社，2020 年 5 月），頁 12。

[27] Ibid., p. 1.

[28] David T. Runia. *Philo of Alexandria and the Timaeus of Plato*, (Leiden: E. J. Brill, 1986), p. 32.

[29] 馬克·愛德華斯（Mark Julian Edwards）著。《歐利根駁斥柏拉圖》，羅月美譯，頁 91。

它的重要性逐日增加，特別是在其主教亞他那修（Athanasius）和
西里爾（Cyril）的領導之下。[30] 更甚者，在西元 325 年時的尼西亞
大公會議（the Council of Nicaea）賦予亞歷山大城一個僅次於羅
馬，優於安提阿（Antioch）的榮譽的地位。它的這個重要性的角
色直到君士坦丁堡（Constantinople）的崛起而才逐漸減弱，尤其
在西元 381 年的君士坦丁堡和在西元 451 年的迦克頓大公會議（the
Councils of Constantinople and Chalcedon）授予了君士坦丁堡比亞
歷山大城更重要的地位，它在歷史上所扮演的積極性的角色逐漸被
取代而銷聲匿跡。[31] 再加上埃及的絕大多數基督徒支持一神論分裂
（Monophysite schisms），當埃及在西元 616 年時被波斯人統治，
接著又在西元 642 年被阿拉伯人統治，這不僅更削弱在風雨中動搖
著的亞歷山大城的希臘東正教牧首區的地位的重要性，且更是雪上
加霜使它完全失去了大部分影響力。[32]

▌貳・二世紀時的基督教學校

埃及的亞歷山大城是羅馬帝國時期的第二大城市，它不僅是
希臘化主義（Hellenism），且也是閃米特主義（Semitism）的中
心。它擁有古代世界任何一個城市中最大的猶太人社區；因此，有
時令人感到十分驚訝的是，聖保祿（St. Paul）從未在那裡布道。
所以基本上，人們把亞歷山大城教會的基礎傳統上歸因於聖馬爾

---

[30] F. L. Cross and E. A. Livingstone edited by. *The Oxford Dictionary of the Christian Church*,
   (Oxford/New York: Oxford University Press, 1997), p. 40.

[31] Ibid.

[32] Ibid.

谷（St. Mark[33]），但我們對其早期歷史卻一無所知。[34]在西元二世紀中期時，諾斯替主義的教師（Gnostic teachers，或稱爲認知主義的教師），例如：巴西里德斯（Basilides，興盛年大約在西元 120年至西元 140 年）與赫拉克黎翁（Heracleon），在亞歷山大城裡從事教學的活動，但它作爲基督教思想中心的名聲可以跟克雷蒙（Clement）與歐利根的作品一起追溯到這個世紀的末期。[35]顯然地，亞歷山大城是一個學術風氣濃厚的地方，在這裡有許許多多的學校。在這一節裡，我們分別談論兩個主題，即亞歷山大城的信徒學校的繼承（διαδοχή）和亞歷山大城的信徒學校（didaskaleion）。

一、亞歷山大城的信徒學校的繼承（διαδοχή）

今天我們對關於在亞歷山大城的基督學校的知識，除了主要的來源是優色比烏斯（大約西元 263-339 年）的《教會史》（Ecclesiastical History）之外，另一位較優色比烏斯晚期，但在當時扮演著相當重要角色的史學家是希德的菲力普（Philip of Side，大約在西元 381-440 年）的《基督教歷史》（Christian History）。[36]

---

[33] 新教把 St. Mark 翻譯為馬可，這裡聖馬爾谷是天主教的翻譯，一般上認為他是《新約·馬爾谷福音》即《新約·馬可福音》的作者。St. Paul 新教翻譯為保羅，天主教的翻譯是聖保祿。

[34] F. L. Cross and E. A. Livingstone edited by. *The Oxford Dictionary of the Christian Church*, (Oxford/New York: Oxford University Press, 1997), p. 40.

[35] Ibid.

[36] 參考 Willem H. Oliver. 'The heads of the Catechetical School in Alexandria' in the *Verbum et Ecclesia* 36(1), 29th July, 2015, Art. #1386, 14 pages. http://dx.doi. org/10.4102/ve.v36i1.1386；根據 Oliver，希德（Side）是古代 Pamphylia 的一座城市，現在的土耳其。

　　根據優色比烏斯的《教會史》的第五卷，第十節裡的記載，在亞歷山大城的基督教的社區裡有一所歷史悠久的神聖的學習的信徒學校（*didaskaleion*[37]）一直延續到他的時代。他說：[38]

> 那時，一個以博學聞名的人聖潘他努斯（Pantaenus）負責在亞歷山大城裡的信徒的生活，因為根據古老的習俗，他們中間存在著一所神聖的學習學校（*didaskaleion*）。（Ἡγεῖτο δὲ τηνικαῦτα τῆς τῶν πιστῶν αὐτόθι διατριβῆς ἀνὴρ κατὰ παιδείαν ἐπιδοξότατος, ὄνομα αὐτῷ Πάνταινος, ἐξ ἀρχαίου ἔθους διδασκαλείου τῶν ἱερῶν λόγων παρ' αὐτοῖς συνεστῶτος...）

從這段的引文裡，我們了解到優色比烏斯對這所學校的認識並沒有足夠準確的知識，他僅知道在大約西元 180 年左右以博學著稱的聖潘他努斯（Pantaenus）在亞歷山大城裡主持一所信徒的學校，且是這所學校的首領／校長。在聖潘他努斯之前的這所學校的老師，優色比烏斯的《教會史》並沒有告訴我們。可以這樣說，聖潘他努

---

[37] 優色比烏斯在《教會史》的第六卷，第三節裡說歐利根在他十八歲時主持這所學校，稱它為「教導學校」'Catechetical School'（τὸ τῆς κατηχήσεως διδασκαλεῖον）以及在第六卷，第二十九節裡也是如此稱呼所學校。Eusebius. *The Ecclesiastical History*, edited by Jeffrey Henderson, translated by J. E. L. Oulton, BK. VI, iii, p. 17, BK. VI, xxix, p. 83；就克雷蒙（Clement）的觀點而言，'κατήχησις' 一詞的意思是指「那些準備洗禮的人的教導」（instruction of those preparing for baptism）；Annewies van den Hoek. 'The "Catechetical" School of Early Christian Alexandria and Its Philonic Heritage', p. 69；所以 'Catechetical School' 可以翻譯為信徒學校或者教導學校。

[38] Eusebius. *The Ecclesiastical History*, BK 1-5, edited by Jeffrey Henderson, translated by Kirsopp Lake, BK. V, x, p. 463.

斯（Pantaenus）是優色比烏斯所能夠用他的名字記下來最早的一
位老師。[39] 但是在 Willem H. Oliver 的論文裡，他卻說根據優色比
烏斯的《教會史》的第五卷，第十節裡福音作家馬可是這所學校
的創建者，[40] 可是優色比烏斯在這裡並沒有提及到這點，Willem H.
Oliver 或許是弄錯了。

　　優色比烏斯告訴我們，聖潘他努斯是一位斯多噶主義的哲學
家，他被派往到東方最遠到達印度傳講基督的福音，並在那些地
方完成許多重要的成就之後，他終於被任派成爲亞歷山大城的這
所學教的領導者直到他過世爲止。[41] 優色比烏斯並補充說，克雷蒙
（Clement of Alexandria，大約西元 140/150 年至西元 220 年）不
僅在他的著作《大綱》（Outlines）裡說他是聖潘他努斯的學生，
而且他似乎也在他的《雜集》（Miscellanies）的第一卷書裡暗示
這點。[42] 後來，克雷蒙繼承了他的老師聖潘他努斯成爲這所學校的
領袖。[43] 歐利根卻是克雷蒙的學生，後來也成爲這所學校的領導
者。[44] 繼歐利根之後，他的學生赫拉克拉斯（Heraclas，大約於西元
248 年過世）—— 一個熱衷於神聖事物的人，也是一個非常有學問

---

[39] Ronald E. Heine. *Origen – Scholarship in the Service of the Church*, pp. 48-49.

[40] Willem H. Oliver. 'The heads of the Catechetical School in Alexandria' in the *Verbum et Ecclesia* 36(1), 29th July, 2015, Art. #1386, 14 pages. http://dx.doi. org/10.4102/ve.v36i1.1386, p. 1；這裡的馬可即聖馬爾谷。參考註解 33。

[41] Eusebius. *The Ecclesiastical History*, edited by Jeffrey Henderson, translated by Kirsopp Lake, BK V, x, (London/England: Harvard University Press, first published 1926), p. 463.

[42] Ibid., Bk.V, XI, p. 465.

[43] Ibid., edited by Jeffrey Henderson, translated by J. E. L. Oulton, Vol. II, BK. VI, vi, (London/England: Harvard University Press, first published 1932), p. 27.

[44] Ibid., Cf. Ronald E. Heine. *Origen – Scholarship in the Service of the Church*, p. 48.

的人──在他眾多的學生中被選為該所學校的領袖；歐利根讓他分擔教學任務，承擔那些初學者的教育工作。[45] 在赫拉克拉斯之後是歐利根在亞歷山大城的另一名學生迪奧尼修斯（Dionysius，大約西元 200 年至西元 265 年）。[46] 優色比烏斯說：[47]

在亞歷山大城，赫拉克拉斯在德米特里烏斯（Demetrius）之後接受了教會的事工，在那裡的教導學校（κατήχησις[48]）由迪奧尼修斯（Dionysius）繼任（διαδέχεται），迪奧尼修斯也是歐利根的學生之一。（ἔν τε Ἀλεξανδρείᾳ μετὰ Δημήτριον Ἡρακλᾶ τὴν λειτουργίαν παρειληφότος, τῆς τῶν αὐτόθι κατηχήσεως τὴν διατριβὴν διαδέχεται Διονύσιος, εἷς καὶ οὗτος τῶν Ὠριγένους γενόμενος φοιτητῶν.)

以上的引文告訴我們當時德米特里烏斯（Demetrius，大約死於西元 232 年）的主教工作由赫拉克拉斯接任，[49] 接著是迪奧尼修斯。但是我們知道歐利根不曾擔任過主教的工作，即使他曾是這所教導學校的首領。[50] Ronald E. Heine 就是這樣描繪這所學校的繼承

---

[45] Ibid., edited by Jeffrey Henderson, translated by J. E. L. Oulton, Vol. II, BK. VI, xv, p. 51.

[46] Ibid., BK. VI, xxix, p. 83.

[47] Ibid.

[48] 'κατήχησις' 亦可翻譯為「教理學校」，本書兩者兼使用。

[49] Cf. Eusebius. *The Ecclesiastical History*, edited by Jeffrey Henderson, translated by J. E. L. Oulton, BK VI, xiv, p. 51.

[50] 根據優色比烏斯，當德米特里烏斯（Demetrius）擔任主教時任命歐利根承接這所教導學校的首領或校長。Eusebius. *The Ecclesiastical History*, edited by Jeffrey Henderson, translated by J. E. L. Oulton, BK VI, iii, pp. 17-23, BK VI, viii, pp. 29-33；參考 Roelof van den

（διαδοχή），他說：[51]

> 優色比烏斯所繪製的是亞歷山大城的一所學校是與教會的領導
> 層有連繫，它回到了二世紀早期基督教組織的陰暗前景，隨著
> 德米特里烏斯作為主教和聖潘他努斯的崛起，該組織在該世紀
> 末全面曝光、克雷蒙、歐利根、赫拉克勒斯和迪奧尼修斯為該
> 學校的歷任領袖。

根據 Annewies van den Hoek，這樣的一個有組職性的繼承的教育
機構要歸功於優色比烏斯，他在《教會史》中通常以使徒時代為起
點創建了主教或傑出教師的繼承鍊，以增強他那個時代這個組織的
合法性。[52]

　　Annewies van den Hoek 對優色比烏斯的肯定，我們可以從
Roelof van den Broek 的論文裡得到確認。根據 Roelof van den
Broek，希德的菲力普（Philip of Side，大約在西元 380-440 年[53]）
在大約西元 434 年與 439 年之間所寫了一部浩如煙海但內容混亂
《基督教歷史》（*Christian History*），在第二十四卷書中，他插

Broek. 'The Christian "School" of Alexandria in the Second and Third Centuries' in *the Centres of Learning*: *Learning and Location in Pre-Modern Europe and the Near East*, edited by Jan Willem Drijvers and Alasdair A. MacDONALD, (Leiden/New York/Köln: E.J. Brill, 1995), p. 44。

[51] Ronald E. Heine. *Origen – Scholarship in the Service of the Church*, p. 49.

[52] Annewies van den Hoek. 'The "Catechetical" School of Early Christian Alexandria and Its Philonic Heritage' in the *Harvard Theological Review*, Jan. 1997, Vol. 90, No. 1, pp. 59-87, (Jan., 1997), p. 61.

[53] Willem H. Oliver. 'The heads of the Catechetical School in Alexandria' in the *Verbum et Ecclesia* 36(1), 29th July, 2015, Art. #1386, 14 pages. http://dx.doi.org/10.4102/ve.v36i1.1386, p. 1.

入了一份包含十三位亞歷山大城學校首領／校長的名單，這些首領
從二世紀下半葉的雅典娜哥拉斯（Athenagoras）到四世紀晚期盲
人迪提穆斯（Didymus the Blind，大約在西元 313-398 年）的繼任
者羅頓（Rhodon，據說他是於西元 175 年至西元 185 年這十年間
寫作）。[54] 根據菲力普的說法，在狄奧多西屋斯大帝（Theodosius
the Great，西元 379-395 年）時期，他將學校從亞歷山大城轉移到
希德後，這位羅頓成為了他的老師。[55] 顯然地，希德的菲力普所列
出的十三位歷任的亞歷山大城教導學校的首領比優色比烏斯多出
了五位，從雅典娜哥拉斯到他的老師羅頓為止。[56] 或許我們可以這
樣說，菲力普透過他的老師羅頓—— 前亞歷山大城教導學校的老
師—— 獲悉了這個名單。[57]

　　優色比烏斯在《教會史》裡所描述的亞歷山大城教導／信徒學

---

[54] Roelof van den Broek. 'The Christian "School" of Alexandria in the Second and Third Centuries' in *the Centres of Learning: Learning and Location in Pre-Modern Europe and the Near East*, edited by Jan Willem Drijvers and Alasdair A. MacDONALD, (Leiden/New York/Köln: E. J. Brill, 1995), pp. 40-41.

[55] Roelof van den Broek. 'The Christian "School" of Alexandria in the Second and Third Centuries' in *the Centres of Learning: Learning and Location in Pre-Modern Europe and the Near East*, edited by Jan Willem Drijvers and Alasdair A. MacDONALD, (Leiden/New York/Köln: E. J. Brill, 1995), p41；羅頓是希德的菲力普的老師，也參考 Willem H. Oliver. 'The heads of the Catechetical School in Alexandria' in the *Verbum et Ecclesia* 36(1), 29th July, 2015, Art. #1386, 14 pages. http://dx.doi. org/10.4102/ve.v36i1.1386.。

[56] Willem H. Oliver. 'The heads of the Catechetical School in Alexandria' in the *Verbum et Ecclesia* 36(1), 29th July, 2015, Art. #1386, 14 pages. http://dx.doi. org/10.4102/ve.v36i1.1386.

[57] 參考 Roelof van den Broek. 'The Christian "School" of Alexandria in the Second and Third Centuries' in *the Centres of Learning: Learning and Location in Pre-Modern Europe and the Near East*, edited by Jan Willem Drijvers and Alasdair A. MacDONALD, (Leiden/New York/Köln: E.J. Brill, 1995), p. 41。

校的首領／校長：[58]

1. 福音作家，馬可（Mark, the evangelist，大約西元 1-68 年，大約西元 40-68 年擔任校長）

2. 聖潘他努斯（Pantaenus，大約在西元 210-212 年左右過世）

3. 克雷蒙（Clement，大約西元 159-215 年，大約西元 193-202 年擔任校長）

4. 歐利根（Origen，大約西元 203-234 年擔任校長）

5. 赫拉克拉斯（Heraclas，大約西元 177-248 年，大約西元 231-247/248 年擔任校長）

6. 大戴歐尼西斯（Dionysius Magnus，大約西元 190-265 年，大約西元 232-247 年擔任校長）

7. 比留斯（Pierius，大約西元 309 年過世，大約西元 270 年擔任校長）

8. 彼得烈士（Peter the Martyr，大約在四世紀初時擔任校長）

希德的菲力普（Philip of Side）在《基督教歷史》裡所列出的亞歷山大城教導／信徒學校的首領／校長：[59]

1. 雅典娜哥拉斯（Athenagoras，大約西元 133-190 年，大約在二世紀中期擔任校長）

2. 聖潘他努斯（Pantaenus，大約於西元 210/212 年過世，大約西元 180-189/192 年擔任校長）

---

[58] Willem H. Oliver. 'The heads of the Catechetical School in Alexandria', p. 2；這是 Willem H. Oliver 的觀點，他認為馬可是這所學校的第一位首領，這點在優色比烏斯《教會史》裡似乎沒有記載。

[59] Ibid.

3. 歐利根（Origen）

4. 赫拉克拉斯（Heraclas）

5. 大戴歐尼西斯（Dionysius Magnus）

6. 克雷蒙（Clement，大約西元 159-215 年）

7. 比留斯（Pierius，大約西元 309 年過世）

8. 狄奧格諾斯圖斯（Theognostus，大約西元 210-270 年）

9. 斯拉比翁（Serapion，大約於西元 360 年或 370 年過世）

10. 彼得烈士（Peter the Martyr，大約於西元 311 年過世，出生不詳）

11. 馬克里屋斯·玻梨提庫斯（Macarius Politicus，大約西元 300 年出生，過世不詳）

12. 盲人迪提穆斯（Didymus the Blind，大約西元 313-395/398 年）

13. 羅頓（Rhodon，不詳）

二、亞歷山大城的信徒學校（didaskaleion）

有關於希臘文的中性名詞 'τὸ διδασκαλεῖον' 這個詞，如果我們查字典的話，它告訴我們的意思可以指「學校」、「男孩學習語法和音樂的地方」或者「教學的地方」[60]。英文也把它翻譯為 'school'。

在優色比烏斯的《教會史》裡，他多次地提到了亞歷山大城的學校（διδασκαλεῖον），第一次是與聖潘代諾有關，他說：[61]

---

[60] Adolf Kaegi. bearbeitet von, *Griechisch-deutsches Schulwörterbuch*, Neubearbeitet von A. Clausing, F. Eckstein, H. Haas, H. Schroff, L. Wohleb, (München und Leizig: Wissenschaftliche Buchgesellschaft, 2004), S. 187.

[61] Eusebius. *The Ecclesiastical History*, BK 1-5, edited by Jeffrey Henderson, translated by Kirsopp Lake, BK. V, x, p. 463. 參考 Annewies van den Hoek. 'The "Catechetical" School of Early

　　當時，一位名叫聖潘他努斯（Pantaenus）的學識淵博的人負責在亞歷山大城裡的信徒的生活，因為根據古老的風俗習慣，他們中間存在著一所學習神聖事物的學校（διδασκαλεῖον）。在取得許多成就後，聖潘他努斯一直擔任在亞歷山大城裡的學校（τὸ κατ' Ἀλεξάνδρειαν διδασκαλεῖον）的首領直至他去世，他以口頭的和書面的形式闡述了神聖教義的寶藏。

　　接著，當優色比烏斯談論到歐利根的生平時，他再次地提到這所學校，這時他把這所學校定義為教導學校（τὸ τῆς κατηχήσεως διδασκαλεῖον），他說：[62]

　　歐利根十八歲那年（大約西元 204 年）開始主持教導學校（τὸ τῆς κατηχήσεως διδασκαλεῖον），而此時，亞歷山大城的總督亞奎拉（Aquila，大約於西元 206 年至 210/211 年[63]）的迫害仍在繼續，他也因此聲名鵲起。

Christian Alexandria and Its Philonic Heritage', pp. 61-62。

[62] Eusebius. *The Ecclesiastical History*, edited by Jeffrey Henderson, translated by J.E. L. Oulton, BK VI, iii, p.17. 參考 Annewies van den Hoek. 'The "Catechetical" School of Early Christian Alexandria and Its Philonic Heritage', p. 62；以及 Roelof van den Broek. 'The Christian "School" of Alexandria in the Second and Third Centuries', p. 40。

[63] Roelof van den Broek 認為歐利根最有可能的是在亞奎拉迫害期間開始在教導學校從事教學活動，亞奎拉（Aquila）在西元 206 年至 210/211 年間擔任埃及的總督（prefect）。Roelof van den Broek. 'The Christian "School" of Alexandria in the Second and Third Centuries', p. 40；另外，必須注意的是這位亞奎拉與《使徒行傳》第十八章，第十八節裡的亞居拉（Aquila，天主教聖經翻譯為阿桂拉）不是同一個人。為了避免混淆，因此這裡把埃及的總督 'Aquila' 翻譯為「亞奎拉」。另外，他也與第二章裡所說的《七十士譯本》裡的 'Aquila'（阿居拉）不是相同的一個人。

從以上的例子看來，無疑地，‘διδασκαλεῖον’ 可以翻譯爲「學校」或者「教學的地方」。但在其他的地方，優色比烏斯卻用這個詞來指「教導」（‘teaching’）或者「學說」（‘doctrine’）。例如：在《教會史》第六卷，第二十一節裡，他說：[64]

她（即 Mamaea[65]，筆者註）當時住在安提阿（Antioch），並在軍隊護送下把他（歐利根，筆者註）召到她面前。當他和她待了一段時間，並向她展示了許多榮耀主和神聖的教導（διδασκαλεῖον）的美德時，他就趕緊回到他的日常職責中去。（ἐπ’ Ἀντιοχείας δῆτα διατρίβουσα, μετὰ στρατιωτικῆς δορυφορίας αὐτὸν ἀνακαλεῖται. παρ’ ᾗ χρόνον διατρίψας πλεῖστά τε ὅσα εἰς τὴν τοῦ κυρίου δόξαν καὶ τῆς τοῦ θείου διδασκαλείου ἀρετῆς ἐπιδειξάμενος, ἐπὶ τὰς συνήθεις ἔσπευδεν διατριβάς.）

Annewies van den Hoek 主張在這個段落中，「學校」以及「教學的地點」就成爲了「思想的學派」（‘school of thought’），也就是「教學」（‘teaching’）或者「學說」（‘doctrine’）。[66] 相似地，Robert L. Wilken 認爲「此時亞歷山大城的『學校』指的是學生在

---

[64] Eusebius. *The Ecclesiastical History*, edited by Jeffrey Henderson, translated by J.E. L. Oulton, BK VI, xxi, pp. 67-68；參考 Annewies van den Hoek. 'The "Catechetical" School of Early Christian Alexandria and Its Philonic Heritage', p. 63.

[65] 當時的皇帝的母親，稱爲 Julia Mamaea。Annewies van den Hoek. 'The "Catechetical" School of Early Christian Alexandria and Its Philonic Heritage', p. 63.

[66] Annewies van den Hoek. 'The "Catechetical" School of Early Christian Alexandria and Its Philonic Heritage', p. 63.

聖人的指導和帶領下的自由聯合，這種關係最好被描述為老師與
學生的關係」。[67] 這樣，這是可以理解的，Hency Chadwick 說：
「校長所行使的權力是一種權威（*auctoritas*），而不是一種強制
式的權力（*potestas*）：專家的權威，教師的權威，其聲譽、學識
和在教學上的技能足以讓他的學生（clientele）源源不絕。」[68] 所以
「學校」一詞的概念強調的是一種理智上的精神活動，而非建築。
Robert L. Wilken 說：[69]

> 「亞歷山大城的學校」（'school of Alexandria'，即 *τὸ τῆς*
> *κατηχήσεως διδασκαλεῖον*，筆者註）一詞是指亞歷山大城早期
> 教師的理智和精神活動，在西元二世紀晚期時基督教在那裡首
> 次成為歷史的焦點。

　　與它相關的陰性名詞 '*ἡ διδασκαλία*' 是指「教學」（'teach-
ing'）、「指導」（'instruction'）、「闡釋」（'elucidation'）、「訓
練」（'training'）與「演練」（'rehearsing'）。與它相關的陽性
名詞 '*ὁ διδάσκαλος*' 是指「教師」（'master'），所以 '*διδάσκω*' 就
是指「把知識教授給某人」（'instruct'）。例如：在柏拉圖的《美
諾》（*Meno*）70a 裡，美諾說：[70]

---

67 Robert L. Wilken. 'Alexandria: A School for Training in Virtue' in the *Schools of Thought in the Christian Tradition*, edited by Patrick Henry, p. 17, (Minneapolis/The US: Fortress Press,1984).

68 Ibid., p. 18.

69 Ibid, p. 17.

70 Plato. *Meno*, 70a, translated by W.R. M. Lamb, (London/England: Harvard University Press, first published 1924）；中文翻譯為作者本人羅月美。

Ἔχεις μοι εἰπεῖν, ὦ Σώκρατες, ἆρα διδακτὸν ἡ ἀρετή; ἢ οὐ διδακτὸν αλλ' ἀσκητόν;（噢，蘇格拉底！請你告訴我，是否德性可以被教授呢？還是它是不可以被傳授，而是透過不斷地重複訓練獲得的呢？）

顯然地，它與另一個希臘詞 'σχολή' 在意思上不大一樣，儘管臺灣都把它們翻譯爲「學校」。它是拉丁文單詞 'schola' 與英文單詞 'school' 的來源，即「休閒」（leisure）或「學校」的意思。'σχολή' 的意思較接近於古代希臘的貴族們在休閒時間時大家聚在一個場所裡——一般上是 gymnasium——相互討論與辯論某個議題。而 'τὸ διδασκαλεῖον' 是指有某位具有某種知識能力的人把知識教導給他的學生，在這種情況之下，就缺乏了大家彼此同等地對某個議題進行辯論與討論的機會。但是辯論與討論必須以知識爲基礎，缺乏知識就無法從事思辨的活動。

從以上來看，教育的方式可以有兩種典範，一種是由老師教授知識給學生，另一種是大家在一起討論與辯論某個議題。「教授」與「討論／辯論」是相輔相成的，因爲當我們接受了某種知識時，它們必須經過我們的理性的反省與批判才能成爲知識，即「討論／辯論」是否證（falsification）或者證成（justification）它們的過程。知識不能承受理性的反省與批判的話，它不能成爲眞正的知識，即理性的思辨科學（ἐπιστήμη, science），而單純只是一種感官知覺到的意見（δόξα）而已，儘管柏拉圖在《美諾》裡主張眞意見在某種程度上也算是一種知識，它還不能成爲眞正的知識。[71] 因爲前者

---

[71] Plato. *Meno*, 99a, translated by W.R. M. Lamb.

的對象是感性的世界，它是變化的與流逝的；後者的對象是理性的
世界，它是永恆不變化的，柏拉圖稱它爲「總是自身相同」（ἀεί
κατὰ ταὐτὰ ὄν）。[72] 而現象世界的知識是與理性世界的知識相似，
這是柏拉圖的相似性的學說。這個學說影響到後來學院式的懷疑主
義的發展。[73]

　　亞歷山大城的學校到底是一所怎樣的「學校」呢？根據 Ro-
bert L. Wilken，這是一所十分重視科學的教育。在這所學校裡老師
所傳授的教育內容，與其說是強調知識與理智的技能（intellectual
skill），不如說是重視學生道德的與精神的層面的形塑。用現在的
話來說，這些老師重視學生的「全人」（'whole person'）的發展，
陶冶學生的心智、心靈與意志的健全。[74] 所以，這所學校不是由固
定的課程或學習課程（διατριβή）所定義，而是由師徒之間的個人
關係所定義；也就是說，老師與學生的關係是一對一的關係，「魂
對魂，靈對靈」（soul to soul, spirit to spirit）的關係，而老師就
是學生的榜樣（paradeigma），因爲德性不僅在於話語上的講授，
更重要的是在生活上的實踐。[75] 因此，進入這所學校就是要讓自己
服從一個精神指導系統（a system of spiritual direction）。[76] Robert

---

[72] Plato. *Timaeus*, 28a, translated by R. G. Bury, (London/England: Harvard University Press, first published 1924).

[73] 克里斯多夫‧霍恩（Christoph Horn）著。《奧古斯丁──哲學思想導論》，羅月美譯，（臺北：五南出版社，2020 年 5 月），頁 51-52。有關於更多理解柏拉圖的這個學說，請參考 Yip Mei Loh. 'Theory of Plato's Eikōs Logos or Eikōs Muthos' in the *Humanitas Tai-wanica*. 2017, Issue 88, pp. 157-188。

[74] Robert L. Wilken. 'Alexandria: A School for Training in Virtue', p. 19.

[75] Ibid., pp. 22-24.

[76] Ibid., p. 22.

L. Wilken 說：[77]

> 從學生閱讀和分析書籍以及學習論辯和論證技巧的意義上講，
> 學習過程是知識性的，但這種活動與道德訓練、自我分析和精
> 神指導密切相關。他們的目標是根據《聖經》中提出的理想和
> 基督的形象來塑造學生的生活。亞歷山大城學校是培養德性
> （virtue）的學校。

　　以上清楚地，道德的與《聖經》的教育是亞歷山大城的這所教
導學校的核心目標。此外，這所學校在聖潘他努斯與克雷蒙時期是
一所「私人的」（private），而不是「官方的」（official），因為
它是由許多的獨立哲學家承擔教學的工作；[78]亦即，如上所說它是
師徒之間的個人關係。Annewies van den Hoek 稱這些哲學家既是
教師（$\delta\iota\delta\acute{\alpha}\sigma\kappa\alpha\lambda o\iota$）也是長老（$\pi\rho\epsilon\sigma\beta\acute{\upsilon}\tau\epsilon\rho o\iota$）。[79]只有到了歐利根
時，這所學校才成爲官方的機構，而非私人的機構。[80]

▎結語

　　亞歷山大城不僅是一個多種族與多元文化的都市，更是各種
信仰的聚集之地，至於它的學術地位就不在話下了。因此，它是一

---

[77] Ibid., p. 19.
[78] Annewies van den Hoek. 'The "Catechetical" School of Early Christian Alexandria and Its Philonic Heritage', p. 61.
[79] Ibid.
[80] Ibid., p. 61.

個充滿著生氣活潑的希臘化社會以及知識分子的群集之地。它對往後西方的哲學發展是不容置疑的，它既是中期柏拉圖主義的起源之地，更是新柏拉圖主義的根源之地，例如：新柏拉圖主義之父阿摩尼烏斯（Ammonius）就在這個地方從事教學活動，歐利根就是跟隨他學習柏拉圖哲學。可以這樣說，在西元二至四世紀時亞歷山大城是世界的學術、宗教、文化、政治與貿易的樞紐。

▌參考書目

Cross, F. L. and Livingstone, E. A. edited by. *The Oxford Diction-ary of the Christian Church*, Oxford/New York: Oxford University Press, 1997.

Eusebius. *The Ecclesiastical History*, edited by Jeffrey Henderson, translated by Kirsopp Lake, London/England: Harvard University Press, first published 1926.

Heine, E. Ronald. *Origen – Scholarship in the Service of the Church*, The UK: Oxford University Press, 2010.

Kaegi, Adolf. bearbeitet von, *Griechisch-deutsches Schulwörterbuch*, Neubearbeitet von A. Clausing, F. Eckstein, H. Haas, H. Schroff, L. Wohleb, München und Leizig:Wissenschaftliche Buchgesellschaft, 2004.

Oliver, H. Willem. 'The heads of the Catechetical School in Alexan-dria' in the *Verbum et Ecclesia* 36(1), 29th July, 2015, Art. #1386, 14 pages. http://dx.doi. org/10.4102/ve.v36i1.1386.

Origen. *Contra Celsum*, übersetzt von Claudia Barthold, Freiburg im Breisgau/Germany: Verlag Herder GmbH, 2012.

Plato. *Meno*, translated by W.R. M. Lamb, London/England: Harvard University Press, first published 1924.

Plutarch. *Hellenistic Lives, including Alexander the Great*, a new translation by Robin Waterfield, Oxford University Press, 2016.

Runia, T. David. *Philo of Alexandria and the Timaeus of Plato*, Leiden: E. J. Brill, 1986.

van den Broek, Roelof. 'The Christian 'School' of Alexandria in the Second and Third Centuries' in *Centres of Learning*: *Learning and Location in Pre-Modern Europe and the Near East*, edited by Jan Willem Drijvers and Alasdair A. MacDONALD, Leiden/New York/Köln: E.J. Brill, 1995.

van den Hoek, Annewies. 'The "Catechetical" School of Early Christian Alexandria and Its Philonic Heritage' in *Harvard Theological Review*, Jan. 1997, Vol.90, No. 1 (Jan., 1997): 59-87.

Wilken, L. Robert. 'Alexandria: A School for Training in Virtue' in *Schools of Thought in the Christian Tradition*, edited by Patrick Henry, Minneapolis/The US: Fortress Press,1984.

克里斯多夫·霍恩（Christoph Horn）著。《奧古斯丁──哲學思想導論》，羅月美譯，臺北：五南出版社，2020 年 5 月。

馬克·愛德華斯（Mark Julian Edwards）著。《歐利根駁斥柏拉圖》，羅月美譯，臺北：五南出版社，2020 年 5 月。

《新約聖經》。香港：香港聖經公會，2007 年 5 月。

第二章　歐利根的生平

　　要理解一個思想家的哲學思想，首先必須要從他所處的時代背景裡去探索。為何它對一位哲學家而言是如此地重要的呢？或許我們可以引述曼弗烈・孔恩（Manfred Kuehn）所寫的《康德：一個哲學家的傳記》裡強調的一個觀點，「如果我們想要避免陷入到時空錯置的背景，這是必要的去理解哲學家的背景知識以便我們能理解他所要表達的思想。」[1] 相同地，克里斯多夫・霍恩（Christoph Horn）在撰寫他的《奧古斯丁——哲學思想導論》裡也是如此強調這點，他說：「為了澄清奧古斯丁連結於傳統的或者創新的見解是如何，一個歷史的分辨工作是必不可少的。」[2] 這樣的一種嚴謹的科學態度，正如鄭仰恩教授所描述的那樣，「可以避免落入『時代錯誤論』（anachronism）的角度或觀點」[3]。因此，這一章是介紹歐利根的生平與他的著作。

---

[1]　曼弗烈・孔恩。《康德：一個哲學家的傳記》，黃添盛譯，（臺北：商周出版，2005年），頁19。

[2]　克里斯多夫・霍恩（Christoph Horn）著。《奧古斯丁——哲學思想導論》，羅月美譯，（臺北：五南出版社，2021年3月），頁24。

[3]　阿明・孔恩（Armin Kohnle）著。《路德、喀爾文以及其他人：宗教改革及其結果》，羅月美譯，（臺北：五南出版社，2022年11月），頁15。

　　歐利根的教育受到他的父親雷翁迪伍思（Leontius）的影響極大，在他年幼時，他的父親教育他《聖經》的知識以及學習希臘文。有關歐利根的生平，這是有許多的爭議的，尤其是到底他是一位出生在亞歷山大城裡的埃及人，還是一位出生在亞歷山大城裡的希臘人呢？關於這個疑問，這一章裡提出一些學者們之間的論述。

　　從優色比烏斯（Eusebius）的《教會史》（*Ecclesiastical History*）裡我們知道他的父親雷翁迪伍思（Leontius）在塞維魯斯（Septiminus Severus[4]）的統治時期對基督徒的逼迫而殉教。起初，

---

[4] 塞普提米烏斯‧塞維魯斯（Septiminus Severus）是第一位北非血統的羅馬皇帝。在他十八歲（大約西元 163 年）生日後不久來到羅馬，並被馬庫斯‧奧勒留（Marcus Aurelius，西元 121 出生於羅馬，因有胃部及胸部的疾病長期使用藥物於西元 180 年過世。他於西元 161-180 年在位為羅馬皇帝，且是一位斯多噶主義者，其重要的著作有《沉思錄》〔*Meditations*〕）任命為元老（senator）。

塞維魯斯在羅馬確立了自己的地位後，他的下一個任務就是對付被東方軍團擁戴為皇帝的敘利亞總督（governor of Syria）佩森尼烏斯‧尼格爾（Pescennius Niger）。為了制服尼格爾，塞維魯斯首先要先取得他的另一位強有力的對手英國總督克洛狄烏斯‧阿爾比努斯（Clodius Albinus，一位在血統上來自於北非的富裕的元老家族，於西元 189 年成為英國的總督。與塞維魯斯相比，他的手段較溫和，因此他很受歡迎。也因如此，最後他死於塞維魯斯的手上）的信任。於是塞維魯斯授予他「凱撒」（"Caesar"）的稱號，以換取他與尼格爾爭戰期間的支持——或者至少是中立。但他無意與阿爾比努斯分享任何實權。在 195 年底，塞維魯將他的長子塞普提米烏斯‧巴西安努斯（Septimius Bassianus）——即喀拉喀拉（Caracalla），於西元 188 年 4 月 4 日出生於里昂（Lyons），並於西元 195 年成為馬庫斯‧奧勒留家族的養子。他於西元 198 至 217 年在位為羅馬皇帝——改名為馬庫斯‧奧勒留‧安東尼努斯（Marcus Aurelius Antoninus），明顯參考了著名的安東尼王朝（the Antonine dynasty）。同時，塞維魯斯正式向總督克洛狄烏斯‧阿爾比努斯宣戰，他將當時只有七歲的喀拉喀拉賦予了「凱撒」的稱號，這意味著總督克洛狄烏斯‧阿爾比努斯不再是塞維魯斯選定的繼承人，也不再是他未來王朝計畫的一部分。

這場戰爭的關鍵性的戰鬥於 197 年 2 月 19 日在里昂郊區開戰。有一段時間，結果懸而未決：塞維魯斯從馬背上被摔下來，同時也扯下他的皇家斗篷以掩蓋他的真實身分。由於塞維魯斯的騎兵及時趕到挽救了整個局面，將阿爾比努斯的部隊澈底擊毀。阿爾比努斯

歐利根也想加入他的父親的殉教的行列裡，由於他的母親把他的衣服藏起來，以至於他無法出門而作罷。[5] 當他讀到《馬太福音》第十九章，第十二節時說：「有些人為了天國把他們自己閹割」，於是他自己也去勢；這個故事不但使得他在許多的圈子裡蒙羞，且也突顯了他年輕時對神學的無知。[6] 有關於他的去勢的故事，這是很有可能優色比烏斯把割禮誤解為去勢。[7] 可是這樣的一個說法或許也是有點牽強的，因為在二世紀時期的亞歷山大城裡的早期的猶太

本人想要逃到里昂，但無法逃脫而自殺。塞維魯斯以男人典型的殘忍行為將阿爾比努斯赤裸的屍體放在地上，然後騎上馬將阿爾比努斯的頭顱砍下，並將它送往羅馬，且還將他的屍體與其妻子和兒子們一起扔進羅納河（Rhône）。

塞維魯斯晚年時帶著他的兒子們離開羅馬要征服英國，但他由於受到痛風的影響使得這場征役進行不十分順利。即使如此，塞維魯斯和他的兒子們率領軍隊越過哈德良長城（Hadrian's Wall）進入蘇格蘭。於西元 209 年至 210 年間取得了一些成功，向北推進並迫使當地人屈服。但塞維魯斯現在已經是個老人了，越來越無法親自指揮事務。另一方面，喀拉喀拉對英國的戰役沒有興趣，而只是將其視為贏得軍隊青睞的機會。據說，喀拉喀拉認為他的父親雖患有長期疾病，但卻不會在短期內去世，因此，他試圖說服父親的醫生和侍從對這位他眼中的麻煩者施加一些痛苦以便他能早點擺脫他。甚至有這樣一個故事，喀拉喀拉在他與父親騎著馬率領軍隊的時候試圖從背後刺殺他的父親。可是，離他最近的人的喊叫聲向塞維魯斯發出了危險的警報，他在馬鞍上轉過身來看看出了什麼問題。喀拉喀拉被喊叫聲嚇住了而作罷。

塞普提米烏斯‧塞維魯斯最終於西元 211 年 2 月 4 日在英國的約克市（York）去世，享年六十五歲，使得對蘇格蘭的征服計劃尚未完成。他的兒子們終止了這個行動，於是啟航返回羅馬，將他們的父親火化後的骨灰裝在甕裡，安葬在哈德良的陵墓（Mausoleum of Hadrian）中。Chris Scarre. *Chronicle of the Roman Emperors – The Reign-By-Reign Record of the Rulers of Imperial Rome* (London/the UK: Thamos & Hudson, Ltd., 1995), pp. 112-138.

[5] 馬克‧愛德華斯（Mark Julian Edwards）著。《歐利根駁斥柏拉圖》，羅月美譯，（臺北：五南出版社，2020 年 5 月），頁 19。

[6] 馬克‧愛德華斯（Mark Julian Edwards）著。《歐利根駁斥柏拉圖》，羅月美譯，頁 19。

[7] 馬克‧愛德華斯（Mark Julian Edwards）著。《歐利根駁斥柏拉圖》，羅月美譯，頁 19。

基督徒不僅不行割禮，且也不要求行割禮。[8] 不過，這點卻也突顯出歐利根對眞理實踐的執著。

另外，根據優色比烏斯，也由於歐利根的去勢行爲使得亞歷山大城的主教德米特里烏斯（Bishop Demetrius）有藉口去指控他，不僅將他的這個行爲公諸於眾，且也把提拔他的人也捲入到他的指控之中。[9] 事實上，有關於優色比烏斯說歐利根在小時候的去勢，許多學者，例如：馬克・愛德華斯，是有很多疑問的。[10] 理由之一可能是當他在小時候去勢時，顯然地，他的父親仍然健在。

▌壹・在亞歷山大城的歐利根

沒有任何人的思想能跳脫他的時代的包袱而茁壯成長，因此，對一位思想家的思想研究，他的生平是不容忽略的以免如上所述那樣掉入時代錯誤的詮釋的無知裡。我們對歐利根的理解除了主要地是從他的著作裡知道之外，優色比烏斯（Eusebius）的《教會史》（*Ecclesiastical History*）所扮演的舉足輕重的角色是無可否認的。他根據歐利根的書信以及他存活下來的朋友對他的回憶記載了歐利根的種種。[11] 因此，他的《教會史》提供了許多豐富的事實材料給

8　馬克・愛德華斯（Mark Julian Edwards）著。《歐利根駁斥柏拉圖》，羅月美譯，頁21。

9　Eusebius. *The Ecclesiastical History*, translation by J. E. L. Oulton, (London/England: Harvard University Press, first published 1932), Vol. II, Bk. VI, VIII, p. 31；參考 Origen. *The Commentary of Origen on The Gospel of St. Matthew*, translated with Introduction and Brief Annotations by Ronald E. Heine, Vol. I, (The UK: Oxford University Press, 2018), p. 3。

10　Origen. *The Commentary of Origen on The Gospel of St. Matthew*, p. 3；有關於馬克・愛德華斯的觀點，請參考他的著作《歐利根駁斥柏拉圖》，羅月美譯，頁 18-21。

11　Eusebius. *The Ecclesiastical History*, translation by J. E. L. Oulton, (London/England: Harvard University Press, first published 1932), Vol. II, Bk. VI, II, pp. 9-11.

我們對有關他的生平的理解。除此之外，對歐利根不很友善的撒拉米斯的主教（Bishop of Salamis）伊皮凡尼武斯（Epiphanius）的作品《駁異端》（*Panarion*）也提供給我們對歐利根理解的一些線索。[12]

根據伊皮凡尼武斯，歐利根的出生——他的姓是阿達曼提斯（Adamantius[13]）——是一位埃及人（大約西元 185 年至西元 253 年），在亞歷山大城（Alexandria）裡居住、長大和受教育。[14] 也就是說，歐利根既不是住在亞歷山大城裡的希臘人，也不是猶太人，

---

[12] 有關伊皮凡尼武斯對歐利根不友善的傳言，參考 Frank Williams translated. *The Panarion of Epiphanius of Salamis*, Books II and III. *De Fide*, editors Johannes Van Oort & Einar Thomassen, Vol. 79, footnote 1, (Leiden/the Netherlands: Koninklijke Brill NV, 2013), p. 134 以及馬克・愛德華斯。《歐利根駁斥柏拉圖》，羅月美譯，（臺北：五南出版社，2020 年 5 月），頁 17-19。

[13] Eusebius. *The Ecclesiastical History*, translation by J. E. L. Oulton, Vol II, Bk. VI, XIV, p. 49；'Adamantius' 是拉丁文，這個詞的希臘文是 'Adamantios'。歐利根的姓深具涵。'adamas' 的意思是指鋼鐵或鑽石或其他無法「馴服」的材料。也就是說，'Adamantios' 似乎指的是他充沛的工作能力，但也許也指他的靈魂的力量。這一點從他年輕時就以激進的方式表現出來，他以實際的方式實現了他的宗教信仰，這種激進主義在他成熟的歲月中逐漸退色取而代之的是他的一種更加平衡的態度。Henri Crouzel. *Origen*, translated by A.S.Worrall, (Edinburg/Scotland: T.&T. Clark, 1989), p. 51.

[14] Philip R. Amidon, S.J. translated. *The Panarion of St. Epiphanius, Bishop of Salamis, Selected Passages*, 64.1.1., (New York/Oxford: Oxford University Press, 1990), p. 213；參考馬克・愛德華斯。《歐利根駁斥柏拉圖》，羅月美譯，頁 17。Joseph W. Trigg. *Origen – The Early Church Fathers*, (London/New York: Routledge, 1998), p. 4. 亞歷山大城是古代世界的主要知識中心，也是很多知識分子所嚮往之地，並且是一個蓬勃發展和富有創造力的與說希臘語的猶太人的故鄉。因此，儘管我們十分的清楚地知道基督宗教（Christianity）是早期亞歷山大城的文化傳承，即它是希臘化的猶太教（Hellenistic Judaism）之地，但是我們對亞歷山大城裡的基督宗教的起源並不是這樣清晰的，因為諾斯替主義（Gnosticism）先於後來從羅馬傳入的正統宗教（orthodoxy）。Joseph W. Trigg. *Origen – The Early Church Fathers*, p. 4.

而是出生在亞歷山大城裡學習希臘化文化的埃及人。簡言之，「歐
利根是種族上的埃及人」[15]。波菲利（Porphyry[16]，大約西元234-305
年）在他的《普羅丁的生平》（*The Life of Plotinus*）裡告訴我們，
有一位歐利根與普羅丁（Plotinus，大約西元 205-270 年）及埃倫
紐斯（Erennius）共同協定不把他們的老師阿摩尼烏斯（Ammonius
Saccas，大約西元175-242年[17]）的學說揭露，[18] 可是這位歐利根是
否與優色比烏斯在他的《教會史》裡以及伊皮凡尼武斯（Epipha-

---

[15] 馬克·愛德華斯（Mark Julian Edwards）著。《歐利根駁斥柏拉圖》，羅月美譯，頁 17。

[16] 波菲利出生在當時的腓尼基的提爾（Tyre），即今天的黎巴嫩。他的名字是 'Malcus'，
即「國王」的意思，它翻譯為希臘文是 'Basileus'（「國王」）。他以在提爾最常見的名
字「波菲利」來稱呼自己，直至今天我們仍這樣稱呼他。我們對他的認識除了在他的《九
章集》的第一卷，第一章裡的〈普羅丁的生平〉（*The Life of Plotinus*）可以收集到相關
資料之外，幾乎很難找到一些對他描述的可靠資料。在優色比烏斯在《教會史》裡，他
說波菲利在他居住在西西里（Sicily）時褻瀆聖經，並攻擊基督徒。Eusebius. *Ecclesiasti-
cal History*, translation by J.E. L. Oulton, (London/England: Harvard University Press, 1932),
Vol. II, Bk. VI, xix, pp.57-59；在馬丁·路德（Martin Luther, 1483-1546）的一篇 1517 年
完成的作品〈對經院神學的爭論〉（'Disputation Against Scholastic Theology [1517]'）
裡，他指謫波菲利說：「如果波菲利與他的普遍性（universals）沒有為神學家們的使用
而誕生的話，這對教會而言會是一件較好的事情。」Martin Luther. *Martin Luther's Basic
Theological Writings*, edited by Timothy F. Lull, translated by Harold J. Grimm, second edition
(Minneapolis: Augsburg Fortress Press, 2005), p. 37.

[17] 阿摩尼烏斯是一位亞歷山大城的哲學家，他是 Longinus 與普羅丁的老師，他與普羅丁
同時被稱為新柏拉圖主義的創立者。與他的學生不一樣，阿摩尼烏斯故意不留下任何著
作。參考 Eusebius. *Ecclesiastical History*, translation by J.E. L. Oulton, p.59.。另外，根據
馬克·愛德華斯，亞歷山大城的阿摩尼烏斯花了許多的努力設計了一部基礎的對觀福音
（synopsis）。馬克·愛德華斯。《歐利根駁斥柏拉圖》，羅月美譯，頁 32。但是這位
阿摩尼烏斯是否與這裡所說的新柏拉圖主義者阿摩尼烏斯是同一個人呢？有關這個疑
問，首先，要確定是否在歷史上有兩位同名的歐利根才能夠讓這個問題撥雲見日。

[18] Plotinus. *Porphyry On Plotinus–The Life of Plotinus* in the *Ennead I*, translated by A. H. Arm-
stong, 3.24-30; 14.20-25, (London/England: Harvard University Press, first published 1966,
Revised 1989), p. 11; pp. 41-43；歐利根比普羅丁大上十九歲。

nius）的作品《駁異端》所提到的基督徒歐利根‧阿達曼提斯是同一位歐利根嗎？有關這個問題，在西方學術界的論文討論的不少。例如：馬克‧愛德華斯在他的《歐利根駁斥柏拉圖》的第二章裡就論證說，有兩位歐利根以及兩位阿摩尼烏斯。[19] 然而，Ilaria L. E. Remalli 在她的一篇文章〈歐利根與柏拉圖的傳統〉裡就採取一個斷然的態度，她主張基督徒歐利根可能與波菲利裡所提到的柏拉圖主義者的歐利根是同一個人。[20] 優色比烏斯在他的《教會史》裡說波菲利對歐利根的敵意極深，當波菲利可以逃避被譴責時，他就對歐利根採取不實的指控與惡意的攻擊，可是當他不可以逃脫指責時，他就對歐利根做正確的描述。優色比烏斯是這樣描述波菲利與歐利根的關係，他說：

> 但是，即使在我們那個時代定居在西西里（Sicily）的波菲利也發表論文反對我們，試圖在其中誹謗《聖經》及它的釋經者，為什麼還需要這樣說呢？而且由於他無論如何都無法對我們的觀點提出任何卑鄙的指控，因此由於缺乏論據，他轉而嘲笑和誹謗它的釋經者，尤其是針對歐利根而來。他說在他年輕時他就認識他了；且他試圖誹謗這個人，但他自己卻不知道他是真正地在推崇他，在某些情況下當他沒有其他可說時，他就說出真話，但在另一些情況下，當他認為他可以逃脫偵查時，

---

[19] 馬克‧愛德華斯（Mark Julian Edwards）著。《歐利根駁斥柏拉圖》，羅月美譯，頁 93-95。

[20] Ilaria L. E. Ramelli. 'Origen and Platonic Tradition' in the *Religions* 2017, 8. 21, pp. 1-20, (doi:10.3390/rel8020021), p. 5. (https://www.mdpi.com/2077-1444/8/2/21, accessed dated Sept. 2021)

他就撒謊：有一次他指責他是一位基督徒，另一次他卻描述他對哲學研究的熱愛。（Eusebius, *Ecclesiastical History*, VI. xix, p. 57.）

優色比烏斯進一步告訴我們，當歐利根研究異教徒的希臘哲學，尤其柏拉圖哲學時——他精通標準的希臘化課程，即學習希臘文學與數學及天文學，——他的父親雷翁迪伍思（Leontius）是一位文法學家（*grammaticos*）除了教導他語文之外，同時也教導他學習《聖經》；[21] 他的父親對他的教育是嚴格的，每天都會挑選一段《聖經》裡的經文讓他牢牢記住，並要求他重複一遍給他聽；而歐利根對這樣的教育訓練卻是喜愛有加。[22] 除了這點之外，有關歐利根的早年的教育，很少有人知道有比這更多的細節。肯定地，他的《聖經》知識與希臘哲學的教養（*paideia*）體現在他的作品裡，正如馬克·愛德華斯在他的《歐利根駁斥柏拉圖》的中文版序裡說的那樣，歐利根「對柏拉圖的作品瞭若指掌，並對他的靈感做出回應」。

根據 John Dillon，歐利根去跟阿摩尼烏斯（Ammonius）學習希臘哲學，不是想要皈依為一位柏拉圖主義者，而是想要從柏拉

---

[21] Eusebius. *Ecclesiastical History*, translation by J.E. L. Oulton, Vol. II, Bk. VI, xix, pp.59-61；參考 Origen. *The Commentary of Origen on the Gospel of St. Matthew*, volume I, translated with Introduction and Brief Annotations by Ronald E. Heine, (the UK: Oxford University Press, 2018), p. 2。在古代社會裡的職業是世代相傳的，所以如果歐利根的父親是一位文法學家，歐利根的第一份職業也應當是擔任一位文法學家。參考 Ronald E. Heine. *Origen – Scholarship in the Service of the Church*, (Oxford/the UK: Oxford University Press, 2010), p. 20。

[22] Rev. William Fairweather, M.A.. *Origen and Greek Patristic Theology*, (England and Wales: FB &c Ltd., 2015), p. 36.

圖的思想裡獲取一些知識以幫助他在亞歷山大城時的釋經工作。[23]
因此，在眾多教父之中他對希臘哲學的知識的涵養可以說是出類拔
萃的。[24]對於他這段的學習經驗，我們知道的並不清楚。但是，就
我們所知道的他在亞歷山大城跟隨一位匿名的哲學家學習哲學以
及與一位「希伯來人」學習《聖經》。[25]同時，根據 Rev. William
Fairweather，他早年受到潘他努斯（Pantaenus[26]）思想的影響，但
這並不表示潘他努斯是歐利根的老師，正如我們無法肯定是否克雷
蒙（Clement）是歐利根的老師那樣。[27]馬克・愛德華斯說：「是否
克雷蒙（Clement）是歐利根的老師，這是一個我們無法決定的問
題，……然而我們可以把他視為是一位教會的代表，這位代表餵
奶給童年在亞歷山大城長大的歐利根。」[28]另外，優色比烏斯也告
訴我們在歐利根十八歲時，他主持一所教理學校（the catechetical
school）。[29]

　　到底歐利根是亞歷山大城的希臘人，還是埃及人呢？Ronald
Heine 主張，歐利根不是一位在亞歷山大城裡出生的埃及人，而是

---

[23] John Dillon. 'Origen and Plotinus: The Platonic Influence on Early Christianity' in *The Relationship between Neoplatonism and Christianity*, edited by Thomas Finan and Vincent Twomey with a forward by John J. O' Meara, (Dublin/Ireland: Four Courts Press, 1992), p. 8.

[24] Joseph W. Trigg. *Origen – The Early Church Fathers*, p. 5.

[25] Origen. *The Commentary of Origen on the Gospel of St. Matthew*, volume I, p. 2.

[26] 優色比烏斯在《教會史》裡提到潘他努斯是克雷蒙的老師。Eusebius. *Ecclesiastical History*, translation by J.E. L. Oulton, p. 197.

[27] Rev. William Fairweather, M.A.. *Origen and Greek Patristic Theology*, p. 37.

[28] 馬克・愛德華斯（Mark Julian Edwards）著。《歐利根駁斥柏拉圖》，羅月美譯，（臺北：五南出版社，2020 年 5 月），頁 47。

[29] Eusebius. *Ecclesiastical History*, translation by J.E. L. Oulton, (London/England: Harvard University Press, 1932), Vol. II, Bk. VI, iii, p. 17；這裡教理學校即教導學校，請參考第一章。

一位在亞歷山大城裡出生的希臘人。[30] 他所提出的論據是「有人指出亞歷山大城的教育機構是針對特定階級的，主要限於富裕和更有文化的民眾。波菲利把歐利根稱爲『一位受過希臘學科教育的希臘人』」[31]。他更進一步提出，歐利根的第一份職業可能是一名文法學的教師，這是他繼承他的父親的職業，由於來自羅馬以及其他城市的證據表明，古代的職業是家族式的代代相傳。這點提示了他是一位希臘人，而不是埃及人。[32] 儘管 Ronald Heine 的這樣的一個主張似乎是挑戰著伊皮凡尼武斯所說的──歐利根在種族上是一位出生在亞歷山大城裡的埃及人──可是他所提出的理由是可理解的。最明顯的理由之一是到底波菲利所提的歐利根與優色比烏斯所提的歐利根是同一位歐利根，還是只是相同名字卻是兩位不同的人，這點學術界沒有共識。馬克‧愛德華斯不僅證明有兩位歐利根，且肯定伊皮凡尼武斯的主張。[33] 優色比烏斯在《教會史》也指出波菲利在他反對基督徒的第三篇論文中提出，歐利根是受過希臘教育的希臘人，馬克‧愛德華斯認爲波菲利只是說，歐利根是在希臘人中被養育而被視爲希臘人，只是後來以新外邦人的文化替換了他的祖先的文化。[34] 換句話說，歐利根是一位接受希臘教育的埃及人。在優色比烏斯的《教會史》中，波菲利說：[35]

---

[30] Ronald E. Heine. *Origen – Scholarship in the Service of the Church*, (Oxford/the UK: Oxford University Press, 2010), p. 20.

[31] Ronald E. Heine. *Origen – Scholarship in the Service of the Church*, p. 20.

[32] Ronald E. Heine. *Origen – Scholarship in the Service of the Church*, p. 20.

[33] 馬克‧愛德華斯（Mark Julian Edwards）著。《歐利根駁斥柏拉圖》，羅月美譯，頁 93-95。

[34] 同上，頁 18。參考第二章。

[35] Eusebius. *Ecclesiastical History*, translation by J.E. L. Oulton, Vol. II, Bk. VI, xix, 6-7, p. 59；參考第三章，〈基督徒歐利根〉。

歐利根在學習希臘文時是一位受過希臘教育的希臘人，他一頭栽進異邦人的無禮中；並為此竭盡全力，他吹噓自己和他的文學技巧。雖然他的生活方式是基督教的並且違反法律，但在他對物質事物和神明（Deity）的看法上，他扮演了希臘人的角色，並將希臘的觀念引入到外國人的故事中。因為他總是與柏拉圖（Plato）交往，熟悉努美尼烏斯（Numenius）、克羅尼斯（Cronius）、阿波羅芬尼斯（Apollophanes）、郎吉努斯（Longinus）、摩德拉督斯（Moderatus）、尼可馬庫斯（Nicomachus）以及在畢達哥拉斯主義者之中傑出的人物的作品；他也使用斯多噶主義者開雷蒙（Chaeremon）與寇努杜斯（Cornutus）的書籍，並從他們那裡學習到了在希臘奧祕中的比喻式的詮釋（figurative interpretation），並將它應用到猶太人的作品裡。（Eusebius, *Ecclesiastical History*, VI. xix, 6-7, p. 59.）

在政治方面，歐利根所面對的時代是一個對基督徒不友善的時代，當時的皇帝塞維魯斯（Septimius Severus，大約西元 145-211 年）為了阻止福音的傳播與教會的擴展，大肆殺害那些皈依為基督信仰的基督徒。歐利根的父親雷翁迪伍思（Leontius），在歐利根大約十七歲時（大約西元 203 年）就在塞維魯斯的逼迫之下被砍頭而殉教。[36] 在他的父親過世之後，由於他父親的財產被沒收使得這個家庭的經濟十分拮据，於是他被帶到一位家財豐厚與聲望俱高的

---

[36] Eusebius. *The Ecclesiastical History*, translation by J.E. L. Oulton, Vol. II, Bk. VI, I 1, p. 9; II, 12, p. 15；參考 Joseph W. Trigg. *Origen – The Early Church Fathers*, p. 5。

亞歷山大城的女性的家庭裡，這位女性相當照顧他，把他視為他的養子，並提供給他完整的教育。[37] 根據優色比烏斯，在他大約十八歲時，他就已經在亞歷山大城的一所教理學校擔任教師的工作，直到大約西元 232 年他離開亞歷山大城為止。[38]

到底為何歐利根離開他的出生地呢？在優色比烏斯的《教會史》VI, xiv 裡，他告訴我們，與亞歷山大城主教德米特里烏斯（Bishop Demetrius）之間的緊張關係，歐利根大約於西元 215 年做了一趟短暫的第一次旅行到了羅馬，這次的旅行是在澤菲里努斯（Zephyrinus，西元 201-218 年）擔任羅馬教皇期間進行的。他在羅馬停留很短時間就返回到亞歷山大城。[39] 在《教會史》VI, xxiii 裡，優色比烏斯也告訴我們他得到富裕的亞歷山大城的安布羅斯（Ambrose of Alexandria，大約西元 212 年至 250 年）——在歐利根的教導之下擺脫了諾斯替主義的思想——提供他所需要的一切，包括為他提供了抄寫員，激勵他撰寫評論，使得他的講道與評論可以成為書籍。[40] 在這樣的支持之下，歐利根的聲名大噪。根據優色比烏斯，有一名軍人帶著由阿拉伯的羅馬省（今天的約旦）的信件轉交給主教德米特里烏斯（Bishop Demetrius）和埃及的總督，要

---

[37] Origen. *The Commentary of Origen on the Gospel of St. Matthew*, translated with Introduction and Brief Annotations by Ronald E. Heine, volume I, p. 2；參考 Eusebius. *The Ecclesiastical History*, translation by J.E. L. Oulton, Vol. II, Bk. VI, II, 13, p. 15。

[38] Ibid. 參考 Eusebius. *Ecclesiastical History*, translation by J.E. L. Oulton, Vol. II, Bk. VI, III, 3, p. 17。

[39] Eusebius. *Ecclesiastical History*, translation by J.E. L. Oulton, Vol. II, Bk. VI, xiv, pp.49-51.

[40] Eusebius. *Ecclesiastical History*, translation by J.E. L. Oulton, Vol. II, Bk. VI, xxiii, p.69；參考 Joseph W. Trigg. Origen, (New York, London: Routledge, 1998), p. 15。

求他們盡快派歐利根與他商談。歐利根確實訪問了阿拉伯，完成了他的使命，然後返回了亞歷山大城。[41] 這是他的第二次旅行。

大約在西元 215 年喀拉喀拉（Caracalla[42]，西元 188-217 年）對亞歷山大城居民進行一場大屠殺，因此歐利根祕密離開亞歷山大城，前往巴勒斯坦（Palestine），定居在凱撒利亞（Caesarea）。[43] 也就是說，歐利根離開亞歷山大城不是為了科學或宗教目的，而是為了逃避喀拉喀拉皇帝的憤怒，喀拉喀拉皇帝被一些諷刺他，卑鄙地謀殺他親弟弟格塔（Geta[44]，大約西元 189-211 年）的詩節刺痛，

---

[41] Eusebius. *Ecclesiastical History*, translation by J. E. L. Oulton, Vol. II, Bk. VI, xix, p.63. 參考 Henri Crouzel. Origen, translated by A.S.Worrall, (Edinburg/Scotland: T.&T. Clark, 1989), p. 14。

[42] 喀拉喀拉（Caracalla）是羅馬皇帝塞普蒂米烏斯·塞維魯斯（Septimius Severus，大約西元 145-211 年）的長子，在塞維魯斯（Severus）過世之後，即喀拉喀拉統治的第一年，歐利根前往了羅馬。這次的旅行是在澤菲里努斯（Zephyrinus，西元 201-218 年）擔任教皇期間進行的，而且肯定在歐利根三十歲之前。Rev. William Fairweather, M.A. *Origen and Greek Patristic Theology*, (London/England and Wales: FB&c Ltd, 2015), p. 46.

[43] Eusebius. *Ecclesiastical History*, translation by J. E. L. Oulton, Vol. II, Bk. VI, xix, p.63.

[44] 塞普提米烏斯·塞維魯斯過世之後，他的兩位兒子喀拉喀拉與格塔是他的繼承人。但是，羅馬不夠大，無法容納兩位如此相互對立的皇帝。他們試圖將帕拉蒂尼山上（Palatine Hill）的皇宮一分為二，每個部分都有自己的主要入口，同時封鎖所有相互連通的門和通道，從而與皇宮共存。幾個月後，喀拉喀拉和格塔開始意識到，他們唯一可用的和平解決方案就是瓜分帝國。格塔將擁有亞洲行省，而喀拉喀拉則將擁有歐洲和非洲西北部。格塔計畫將他的新首都建在安提阿或亞歷山大城。這個計畫可能會帶來和平。更有可能的是，這會導致全面內戰。但這個計畫沒有如願實行，因為當他們要瓜分帝國時，他們又打算瓜分他們自己的母親茱莉亞·多姆娜（Julia Domma，西元 160-217 年）。格塔受到自己的支持者的精心看守，但喀拉喀拉在 12 月底設法找到一個時機謀殺了他的弟弟。據說，當他們和他們的母親茱莉亞·多姆娜在一起，喀拉喀拉親自將他的弟弟格塔殺害。他們的共同統治只持續了十個月多一點。Chris Scarre. *Chronicle of the Roman Emperors – The Reign-By-Reign Record of the Rulers of Imperial Rome* (London/the UK: Thamos & Hudson, Ltd., 1995), pp.138-139.

並相信這些詩句來自亞歷山大城，喀拉喀拉皇帝那年率領軍隊抵達
那裡，屠殺了數千名亞歷山大城的居民。作為該城的文學界的傑出
人物，歐利根認為搬到巴勒斯坦更安全的地方是明智之舉。[45]這是
歐利根第一次到了巴勒斯坦的凱撒利亞。[46]在歐利根定居在凱撒利
亞之後，雖然他還沒有被祝聖為司鐸，但那裡的主教們要求他在教
會裡公開宣講和解釋神聖的經文。從耶路撒冷的主教亞歷山大（Al-
exander of Jerusalem）和凱撒利亞的主教西奧蒂斯托斯（Theoctis-
tus）所寫給亞歷山大城的主教德米特里烏斯的信件可以清楚地看出
這一點。[47]這一舉動讓主教德米特里烏斯大怒，使得歐利根與主教
德米特里烏斯的關係更是雪上加霜。主教德米特里烏斯寫信向這兩
位主教抗議，因為這種做法違反傳統，並要求歐利根立即返回亞歷
山大城。於是歐利根返回到亞歷山大城，持續從事他以前在這裡的

---

[45] Rev. William Fairweather, M.A. *Origen and Greek Patristic Theology*, p. 49. 有關喀拉喀拉
皇帝對諷刺他的暴行的詩節刺痛的歷史記載，請參考 Chris Scarre. *Chronicle of the Ro-
man Emperors – The Reign-By-Reign Record of the Rulers of Imperial Rome* (London/the UK:
Thamos & Hudson, Ltd., 1995), p. 144。另一種說法是，西元 215 年 5 月，喀拉喀拉皇帝
抵達敘利亞。他在那裡度過了夏天，然後前往亞歷山大城，在那裡他受到了市民的熱烈
歡迎。這座城市除了是該帝國的第二大城市，人口約五十萬，且也是皇帝英雄亞歷山大
大帝的埋葬地。喀拉喀拉皇帝進城後的第一件事就是參觀墳墓，並將他的紫色皇家斗篷
和他佩戴的裝飾品放在墳墓上。
對亞歷山大城的訪問以如此愉快的方式開始，卻以喀拉喀拉皇帝的手下對手無寸鐵的平
民的暴力屠殺告終。造成這一暴行的直接挑釁尚不清楚，但喀拉喀拉皇帝的憤怒不知何
故被點燃，導致數千名亞歷山大人被屠殺。Chris Scarre. *Chronicle of the Roman Emperors –
The Reign-By-Reign Record of the Rulers of Imperial Rome* (London/the UK: Thamos & Hud-
son, Ltd., 1995), p. 143.

[46] Henri Crouzel. *Origen*, translated by A.S.Worrall, p. 15.

[47] Eusebius. *Ecclesiastical History*, translation by J.E. L. Oulton, Vol. II, Bk. VI, xix, p. 63.

工作。**48**

　　在談到歐利根第一次在巴勒斯坦的凱撒利亞逗留之際，我們必須在這裡談論那位接待他，並成爲他的朋友和保護者的一位主教，耶路撒冷的亞歷山大（Alexander of Jerusalem）。Henri Crouzel 告訴我們，在當時初期，在我們無法準確地確定的某個日期，那喀索斯（Narcissus）統治著耶路撒冷的教會，或者更確切地說，艾利亞教會（Aelia），哈德良皇帝（Hadrian emperor，大約西元76-138 年 **49**）以他自己的氏族命名了這座教會，並賦予他所重建的城市正式名稱。這位因他的美德和奇蹟而受到崇敬的那喀索斯（Narcissus）成爲嚴厲的毀謗（grave calumnies**50**）的受害者，而消失在荒野中。同時，他的那些控訴者則因他們所呼籲的事故和所

---

48 Ibid., p. 65；參考 Henri Crouzel. *Origen*, translated by A.S.Worrall, p. 15。

49 哈德良皇帝於西元 117-138 年在位。他在位期間於西元 122 年訪問英國後命令羅馬軍隊建造哈德良長城（Hadrian's wall），它全長 73 英里，橫跨英國北部，從東部泰恩河畔（River Tyne）的沃爾森德（Wallsend）到西邊的 Bowness-on-Solway。這是羅馬帝國所有邊界中最著名的，此長城於 1987 年被列爲世界遺產。相關資料請參考英國遺產（English Heritage）官網：https://www.english-heritage.org.uk/visit/places/hadrians-wall/hadrians-wall-history-and-stories/history/。根據優色比烏斯，在哈德良圍攻猶太人之後，他保持第十五位的繼承權，我們已經說過，從那時起，那個城市的教會由外邦人組成，繼承了猶太基督徒，並且是第一個外邦人主教是馬庫斯（Marcus）。Eusebius. *The Ecclesiastical History*, translated by Kirsopp Lake, (London/England: Harvard University Press, 1926), Books V, xii, pp. 465-467.

50 英文的 'calumny' 來自於拉丁文的 'calumnia'。在共和時期的羅馬法中，誹謗是指故意提出誣告，即惡意起訴。根據 Henri Crouzel，那喀索斯應被指控得到今天我們所稱的神經性的憂鬱症（nervous depression）。Henri Crouzel. *Origen*, translated by A.S.Worrall, p. 15. 那喀索斯一生追求哲學的生活，在被這樣指控之後，他隱藏在沙漠中和不爲人知的地方祕密度過了很多年。Eusebius. *Ecclesiastical History*, translation by J.E. L. Oulton, Vol. II, Bk. VI, ix-x, pp. 33-37.

作的誓言的保證的疾病而悲慘地死去。隨後，附近的主教對那喀索斯的消失感到不安，連續任命了三位的主教到耶路撒冷，他們每人只在位幾個月。當那喀索斯再次出現並立即被復職時，第三位仍然在那裡：但年事已高使他無法履行職責，該城的居民在神聖的啟示下抓住了一位來自卡帕多西亞（Cappadocia）的主教，名叫亞歷山大（Alexander），他正在去耶路撒冷朝聖，並強迫他協助那喀索斯，然後接替他。[51] Henri Crouzel 進一步告訴我們，亞歷山大在耶路撒冷，即艾利亞（Aelia），建立了一座圖書館——優西比烏斯就使用了這座圖書館——以及在凱撒利亞的圖書館，這座圖書館起源於歐利根圖書館和檔案館。[52] 從這點看出來，不論歐利根的際遇順遂與否，他所居住之處必定全力以赴地進行他的學術研究的工作，以便福音的研究能在他所到之地生根。

　　在西元231年時歐利根接受了亞歷山大・塞維魯斯（Alexander Severus，西元 222-235 年）的母親朱莉亞・瑪瑪亞（Julia Mammaea[53]）皇后的邀請，瑪瑪亞對基督教很感興趣，對基督徒也很友

---

[51] Henri Crouzel. *Origen*, translated by A.S.Worrall, p. 15；參考 Eusebius. *Ecclesiastical History*, translation by J. E. L. Oulton, Vol. II, Bk. VI, ix-x, pp. 33-37。

[52] Henri Crouzel. *Origen*, translated by A.S.Worrall, p. 16. Ronald E. Heine 說：「在西元四世紀時，優西比烏斯不僅是凱撒利亞的主教，更是一位歐利根的擁護者龐飛陸（Pamphilus）的學生。」Origen. *The Commentary of Origen on the Gospel of St. Matthew*, translated with Introduction and Brief Annotations by Ronald E. Heine, volume I, pp. 5-6；他繼續說：「耶柔米指出龐飛陸親自抄寫了歐利根的大部分作品，這些作品仍保存在凱撒利亞的圖書館中。優西比烏斯可以很容易地訪問凱撒利亞的歐利根圖書館。」同上。凱撒利亞的龐飛陸（Pamphilus of Caesarea，大約西元 240〔不確定〕-310 年）的唯一一部存留下來的重要作品是《為歐利根的辯護》（*Apology for Origen*）。

[53] 亞歷山大・塞維魯斯（Alexander Severus）受到他的母親朱莉亞・瑪瑪亞（Julia Mammaea）的影響，朱莉亞・瑪瑪亞是敘利亞王朝的最後一位公主，塞維魯斯王朝（Severan

善。⁵⁴於是邀請歐利根去見她。由於教會事務的緊迫需要，歐利根的這趟旅程是經過巴勒斯坦到達希臘，並從那裡的主教那裡接受了凱撒利亞長老會的按手禮。⁵⁵優色比烏斯只說：⁵⁶

歐利根的名聲響徹雲霄，以至於傳到了皇帝的母親瑪瑪亞的耳朵裡，她是一位虔誠的女性，如果是的話。她非常重視確保看到這個人，並測試他對神聖事物的理解，這是所有人的奇蹟。她當時住在安提阿（Antioch），並在軍隊護送下把他召到她面前。當他和她待了一段時間，並向她展示了許多榮耀主和神聖教訓的美好事物時，他就趕緊回到他慣常的職責中去。

以上可以清楚地看到，歐利根一完成在希臘的任務之後就趕緊

---

dynasty）的大部分輝煌都歸功於她。她不僅為基督徒提供了和平，還為他們提供了恩惠。她夢想讓基督徒與羅馬文明和解，亞歷山大‧塞維魯斯在他的皇宮裡建立私人聖殿，並在那塑立了亞伯拉罕和耶穌的雕像。Henri Crouzel. *Origen*, translated by A.S.Worrall, p. 3. 朱莉亞‧瑪瑪亞在她兒子統治期間掌握著巨大的權力。她無與倫比的權力直到西元 231 年波斯戰爭的爆發和西元 235 年馬克西米努斯‧瑟雷克斯（Maximinus Thrax，於西元 235 至 238 年成為皇帝）在日耳曼的戰役（German War）才被打破。原因是在西元 235 年 3 月時，亞歷山大讓馬克西米努斯負責管理在美因茨（Mainz）附近的營地的新兵。由於他受到他們的愛戴，於是他派出一些百夫長進貢殺死亞歷山大‧塞維魯斯和他的母親朱莉亞‧瑪瑪亞以及所有被認為是他的朋友或與他最親近的人，結束了亞歷山大‧塞維魯斯十三年的皇位。Chris Scarre. *Chronicle of the Roman Emperors – The Reign-By-Reign Record of the Rulers of Imperial Rome* (London/the UK: Thamos & Hudson, Ltd., 1995), pp. 155-157.

⁵⁴ Henri Crouzel. *Origen*, translated by A. S. Worrall, p. 17; Joseph W. Trigg. *Origen*, p. 15.

⁵⁵ Eusebius. *Ecclesiastical History*, translation by J. E. L. Oulton, Vol. II, Bk. VI, xxiii, p. 71.

⁵⁶ 參考 Eusebius. *Ecclesiastical History*, translation by J. E. L. Oulton, Vol. II, Bk. VI, xxi, pp. 67-69。

回到亞歷山大城去了。優色比烏斯沒有告訴我們到底教會是怎樣的緊急事件使得他從亞歷山大城經過巴勒斯坦到達希臘，或許一種可能是他想去那裡見他的兩位朋友，即上面我們談到的兩位幫助過他的主教：耶路撒冷的主教亞歷山大（Alexander of Jerusalem）和凱撒利亞的主教西奧蒂斯托斯（Theoctistus）。[57] 這事件使得歐利根與主教德米特里烏斯的關係澈底決裂。根據佛提烏斯（Photius）的說法，他去希臘這件事情沒有經過他的主教（即德米特里烏斯）的同意。[58] 德米特里烏斯對歐利根很生氣的主要原因是在沒有經過他的同意之下竟然被任命為長老（presbyterate）在教會裡講道，因此，當他從希臘回到亞歷山大城後，他被要求離開亞歷山大城，不能在那裡再從事教學活動，並且由凱撒利亞主教西奧蒂斯托斯給他的按禮也被收回。[59] 根據耶柔米（Jerome），這個判決得到羅馬宗教會議的批准。這個會議是由羅馬自己召集了一個元老院來反對歐利根，除了巴勒斯坦、阿拉伯、腓尼基（Phoenicia）和亞該亞（Achaia）的主教們反對這個判決之外，大家沒有異議一致通過這個判決。[60] 於是，歐利根在他大約四十七歲時即大約在西元 232 年時從亞歷山大城遷居到凱撒利亞。[61] 有的學者，例如：Roelof van den Broek 與 Joaeph W. Trigg，認為他大約在西元 234 年離開亞歷

---

[57] Henri Crouzel. *Origen*, translated by A.S.Worrall, p. 18.

[58] Ibid.

[59] Ibid., p. 22.

[60] Ibid.

[61] Ronald E. Heine. *Origen – Scholarship in the Service of the Church*, (the UK: Oxford University Press, first published 2010), p. 1.

山大城。[62]

　　有關於歐利根與亞歷山大城主教德米特里烏斯的決裂，優色比烏斯認爲主教德米特里烏斯嫉妒歐利根，因爲歐利根是一位過分聰明的傳教士；[63] 而耶柔米卻認爲：「如果羅馬召集元老院反對他，那不是因爲教條的創新，也不是像現在許多瘋狗所說的那樣指責他是異端，而是因爲他們無法忍受他的口才和學識的輝煌影響：當他說話時，所有人都無言以對。」[64] 從以上優色比烏斯與耶柔米對歐利根評論看來，當時許許多多對歐利根不利的言論與指控都出自於對他的才華被肯定的不滿。可以說，歐利根的不幸的遭遇是由於樹大招風的緣故。Ronald E. Heine 稱歐利根這段的經歷爲「亞歷山大城的風暴」（the Alexandrian storm）。[65]

　　對於自己所遭受到的「亞歷山大城的風暴」——即遭遇到亞歷山大城主教德米特里烏斯的迫害——，優色比烏斯記下了歐利根自己對這件事情的辯護如下：

　　　當我們熟練的好名聲正在各地傳開著時，有時異端分子接近我，有時那些熟悉希臘知識，尤其是哲學的人接近我，我認為

---

[62] Roelof van den Broek. 'The Christian "School" of Alexandria in the Second and Third Centuries' in *the Centers of Learning: Learning and Location in Pre-Modern Europe and the Near East*, edited ny Jan Willem Drijvers and Alasdair A. MacDonald, (Leiden. New York, Köln: E.J.Brill, 1995), p. 43. 以及 Joseph W. Trigg. *Origen*, (London/New York: Rougledge,1998), p. 36。

[63] Henri Crouzel. *Origen*, translated by A.S.Worrall, p. 23.

[64] Ibid.

[65] Origen. *The Commentary of Origen on The Gospel of St. Matthew*, translated with Introduction and Brief Annotations by Ronald E. Heine, Vol. I, p. 4.

檢查異端分子的觀點以及哲學家關於真理的主張是正確的。在
這樣做時，我們跟隨了潘他努斯（Pantaenus）的榜樣，他在
我們之前提供給許多人幫助，並在這些事情上取得了不小的成
就，還有赫拉克拉斯（Heraclas），他現在在亞歷山大城人的
長老會中擁有一席之地，我發現他與哲學知識的老師在一起，
在我開始聽他的講座之前，他已經和他在一起五年了。儘管之
前他穿著普通的衣服，由於他的老師的緣故，他將它丟棄了，
並穿上了哲學家的長袍，直到今日他仍然保留著這樣的裝束，
同時盡可能不間斷地研究希臘書籍。[66]

這位赫拉克拉斯在歐利根離開亞歷山大城前往凱撒利亞後，他繼承
歐利根的教理學校，並在亞歷山大城主教德米特里烏斯過世後繼承
他的職務。[67] 從以上我們還知道歐利根認為當時人們對他有雙重標
準，赫拉克拉斯與他一起跟隨這位擁有哲學知識的老師一起學習哲
學，前者受到主教德米特里烏斯的青睞，而他卻被譴責。

▎貳·在凱撒利亞的歐利根

一談到凱撒利亞（Caesarea），難免我們會想到《馬太福音》
第十六章，第十三節裡說，耶穌到了凱撒利亞·腓立比的境內所發
生的事情。耶穌曾經在這個城市裡經常活動，它是位於現在以色列
境內。也就是說，當歐利根從埃及的亞歷山大城來到以色列境內的

---

[66] Eusebius. *Ecclesiastical History*, translation by J. E. L. Oulton, Vol. II, Bk. VI, xix, 12-14, pp. 61-62.

[67] Ibid., BK. VI, xxvi, 1, p. 79.

凱撒利亞時，他是來到了一個充滿著猶太人文化的異地裡，儘管在亞歷山大城裡也有不少的猶太人居住，且他之前也拜訪過這個地方。但此次不一樣，他是永遠定居在一個與他的文化不一樣的異地的文化裡。[68]

我們或許可以這樣說，即凱撒利亞可以說是歐利根的第二個生命，因爲在他被逐出了亞歷山大城之後，巴勒斯坦的主教西奧蒂斯托斯（Theoctistus）願意讓他居住在凱撒利亞，除了任命他爲教會裡的長老（presbyter）之外，並准許他擁有完全的教學的自由，使得他的學說得以持續發展，進而更發揮了他在神學哲學方面的影響力，尤其在這段時間裡他進行了無數次的旅遊，這裡就成爲歐利根真正的安身立命之地直到他在這裡過世爲止。[69]

歐利根在這裡的教學主要焦點是在講道以及牧養上，根據Henri Crouzel，歐利根在這裡的牧者身分和他的布道使他不僅與他仍然交往的知識分子接觸，而且還與基督教民眾有很多的接觸。他在凱撒利亞時期的作品比他在亞歷山大城的作品更爲豐富，這使得他成爲古代最多產的作家之一。[70] 馬克・愛德華斯說：「儘管歐利根對《舊約》的興趣是在亞歷山大城裡被激發起來的，他開始學習

---

68 根據 Ronald E. Heine，亞歷山大城曾居住爲數不少的猶太人，但是在西元三世紀之前由於羅馬人在圖拉真（Trajan）和哈德良（Hadrian）統治期間鎮壓了兩次猶太人的起義，使得亞歷山大城的猶太人的人口大量減少。然而，在凱撒利亞的猶太人人口卻大幅增加。Origen. *The Commentary of Origen on The Gospel of St. Matthew*, translated with Introduction and Brief Annotations by Ronald E. Heine, Vol. I, p. 4.

69 參考 Henri Crouzel. *Origen*, translated by A.S.Worrall, p. 24 以及 Joseph W. Trigg. *Origen – The Early Church Fathers*, p. 36。

70 Henri Crouzel. *Origen*, translated by A.S.Worrall, pp. 24-25.

希伯來文僅僅是在他移民到凱撒利亞之後。」[71] 從這點看來，凱撒利亞對歐利根的意義是他在亞歷山大城的學術生命的延續，其影響是更為重要。因為在亞歷山大城的歐利根並不賦予權力在教會裡講道，即他是一位平信徒。然而，在凱撒利亞的歐利根卻被任命為教會裡的牧者，受邀在教會的聚會裡講道，更重要的是他在凱撒利亞與猶太社區的互動深深地影響著他對《聖經》的詮釋與對神學議題的理解。[72] Ronald E. Heine 說，歐利根一生在凱撒利亞從事的工作主要是寫作、教學與布道。除了《撒母耳記上》（1 Samuel）第二十八卷之外，所有歐利根的講道都在凱撒利亞進行的以及他的主要工作是對《聖經》的詮釋。[73] 例如：他對《約翰福音的評論》這部作品的工作是他從亞歷山大城就開始，但未全部完成，因此，當他移居到凱撒利亞之後，他持續完成它。[74]

　　歐利根在凱撒利亞時最著名的學生之一是守護者額我略（Gregory Thaumaturgus，西元 213-270 年）。他的這位學生給人留下令人深刻的印象是他給歐利根寫下了引人入勝的《頌詞》（*Panegyric*）[75]。根據優色比烏斯，當歐利根在凱撒利亞時，有一

---

[71] 馬克・愛德華斯（Mark Julian Edwards）著。《歐利根駁斥柏拉圖》，羅月美譯，（臺北：五南出版社，2020 年 5 月），頁 24。

[72] Origen. *The Commentary of Origen on The Gospel of St. Matthew*, translated with Introduction and Brief Annotations by Ronald E. Heine, Vol. I, p. 5.

[73] Origen. *The Commentary of Origen on The Gospel of St. Matthew*, translated with Introduction and Brief Annotations by Ronald E. Heine, Vol. I, p. 5 and p. 7.

[74] Henri Crouzel. *Origen*, translated by A. S. Worrall, p. 25.

[75] Henri Crouzel 將它翻譯為英文的《致謝的演講》（*Address of Thanks*）。參考 Henri Crouzel. *Origen*, translated by A.S.Worrall, p. 25。德文把它翻譯為 *Dankrede an Origenes*（《對歐利根的致謝詞》）。

對兄弟，他們分別是希奧多（Theodore），即守護者額我略[76]以及雅典羅多勒（Athenodore），都全神貫注於希臘和羅馬的研究，但是歐利根改變了他們的心意，使得他們產生對哲學的熱愛以及對神學研究的熱情。這對兄弟與他在一起學習了五年之後，並在神學方面取得極大的進步，以至於在他們還年輕的時候，他們就被選為希臘化的本都王國（Pontus）教會的主教。[77]守護者額我略在他的《頌詞》強調歐利根是第一位思想家使得他學習哲學，他這樣形容歐利根對他的影響：

> 這個人是第一位也是唯一的一位敦促我也熱愛追求希臘哲學的

---

[76] 根據優色比烏斯，守護者額我略的名字最初是 Theodorus（英文是 Theodore，中文翻譯為希奧多），Gregor（英文是 Gregory，中文翻譯為額我略）可能是他的洗禮名；Gregor der Wundertäter. *Denkrede an Origenes*, Griechisch Deutsch, Übersetzt von Peter Guyot, Eingeleitet von Richard Klein, (Germany: Verlag Herder Freiburg im Breisgau, 1996), S. 7；出於對《頌詞》中多次提到的他的守護天使的忠誠，他是第一個以這個名字命名的人；「格雷戈里奧斯」（*Gregorios*）實際上是指《聖經舊約・達尼爾》（Daniel）第四章和第十節裡的「守護者」（'Watcher'）；Henri Crouzel. *Origen*, translated by A.S.Worrall, p. 25；守護者額我略來自小亞細亞東北部羅馬本都省（Provinz Pontus，即今天位在土耳其的尼克薩爾 [Niksar]）的一個大城市新凱撒利亞（Neocäsarea）的一個富有的異教徒家庭，他的出生介於西元 210 年和西元 213 年之間。在他十四歲時他的父親離世，因此，他去到凱撒利亞時，他還未受洗成為基督徒。父親去世之後，在他的母親慈愿下，他在家鄉接受了澈底的基礎的文法教育，按照自古以來「貴族家庭和受過良好教育的男孩」的習慣，他隨後被引入學習拉丁法和羅馬法。就在這段時間裡，他第一次接觸到了基督教信仰，並對基督教信仰產生了強烈的興趣。額我略原本打算和他的兄弟雅典羅多勒（Athenodorus）在敘利亞的貝里托斯市（syrischen Stadt Berytos，即現在黎巴嫩的首都貝魯特 [Beirut]）繼續他的學業，然而，旅程首先將這兄弟倆帶到了敘利亞巴勒斯坦省（Provinz Syria Palaestina）的首府凱撒利亞，並在這裡使他們遇見了歐利根。以上資料出自於 Gregor der Wundertäter. *Denkrede an Origenes*, S. 7-8。

[77] Eusebius. *Ecclesiastical History*, translation by J.E. L. Oulton, Vol. II, Bk. VI, xxx, p. 83.

人（*τὴν Ἑλλήνων φιλοσοφίαν φιλοσοφεῖν*），並用他自己的生活方式說服我去傾聽和研究他的倫理學的學說，……但是這個人是第一位用他的話去說服我研究哲學的人，因為他的行動先於他在口頭上的鼓勵。……在這樣做的過程中，他試圖讓自己成為這樣一個人，因為他在演講中詳細地將他視為良好生活方式的典範，並將自己──我想說的是：──作為一位有智慧的人的榜樣（*παράδειγμα σοφοῦ*）。[78]

從以上守護者額我略在他的《頌詞》這部作品裡對他的老師歐利根的描述中，我們可以理解到歐利根是一位對希臘哲學充滿著熱情，且十分專注於對它的研究與寫作，在行為上他是一位嚴謹的教師。

到底跟隨著歐利根學習，他會教導一些什麼樣的學科呢？根據守護者額我略在他的《頌詞》裡明確地說，首先，歐利根的教學大綱是以蘇格拉底方式進行的邏輯和辯證法練習開始，因為歐利根最關心的議題是有關於魂的學說。守護者額我略說：「他關注我們魂的那部分，其正確形成完全取決於辯證法，但另一方面也關注它的較低部分。」[79] 更進一步指出，歐利根對這個議題所採取的方式是蘇格拉底式的方法，他說：

---

[78] Gregor der Wundertäter. *Denkrede an Origenes*, Griechisch Deutsch, Übersetzt von Peter Guyot, Eingeleitet von Richard Klein, 11. 133, 135, (Germany: Verlag Herder Freiburg im Breisgau, 1996), S. 177-179.

[79] Gregor der Wundertäter. *Denkrede an Origenes*, 8. 109, S. 167-169.

因此，他（即歐利根）透過使用強迫（如果有人可以這樣說）
來教育我們去做正義的事，同樣要明智，憑藉著將我們的魂集
中在我們自己身上，憑藉著尋求和努力了解我們自己。這是哲
學最美好的工作（τοῦτο δὴ τὸ ἄριστον φιλοσοφίας ἔργον），也
被歸於神靈（δαιμόνων）中最重要的預言家極其智慧的誡命：
「認識你自己！」（τὸ »Γνῶθι σαυτόν«）[80]

　　除了教授邏輯與辯證法之外，守護者額我略也告訴我們歐利根
教導他們幾何學、天文學以及物理學。[81]他這樣描述歐利根的教學：

他使一門科學成為一切事物的基礎，可以說是可靠的基礎，即
幾何學，因為它是不可動搖的；但他也帶領我們憑藉著天文學
到達最高的事物，並憑藉著這兩種科學使我們可以進入天堂
中，就像通往天堂的梯子一樣。[82]

Henri Crouzel 認為歐利根教導這些學科的最終意義是出於宗教的
目的，主要因為是要他向學生們闡明了神意（Providence）的作用；
接著他教導學生有關於德性的教育。因此，他最終所要教授的主題
是神學。[83]也就是說，就歐利根而言，自然科學與倫理學只是神學
的一個預備的工作。

---

[80] Gregor der Wundertäter. *Denkrede an Origenes*, 11.141, S. 180-181.
[81] Gregor der Wundertäter. *Denkrede an Origenes*, 8.109-114, S. 169-171.
[82] Gregor der Wundertäter. *Denkrede an Origenes*, 8.114, S. 169-171.
[83] Henri Crouzel. *Origen*, translated by A.S.Worrall, p. 26.

　　除此之外，歐利根在凱撒利亞也設立了一座自己的圖書館。這座圖書館就設在他所創辦的學校裡，後來為龐飛陸 [84]（Pamphilus，大約西元 240 年至西元 309 年）所接管。龐飛陸在凱撒利亞除了重振了歐利根在凱撒利亞創辦的學校之外，他還親手抄寫了歐利根的大部分著作，並擴大了這座圖書館。如果沒有龐飛陸精心列出和收集，歐利根的許多著作都可能會丟失。[85] 優色比烏斯就是在這所學校裡接受教育。但是很不幸的事情是，這座由龐飛陸所重振的圖書館在七世紀時被阿拉伯人毀壞。[86]

---

[84] 在凱撒利亞，龐飛陸被主教阿加皮烏斯（Bishop Agapius）任命為神甫。龐飛陸於西元 307 年 11 月被捕並在監獄中度過了餘生。優色比烏斯經常拜訪龐飛陸，並深情地描述他為十二位巴勒斯坦殉道者中最傑出的一位，也是唯一一位被任命為祭司的人。龐飛陸於西元 310 年 2 月 16 日被 Maximinus Daia（馬克西米努斯‧戴亞，西元 270-313 年，於 313 年夏天在塔爾蘇斯〔Tarsus〕喝毒藥去世結束了羅馬帝國長期以來對基督徒的迫害，接著羅馬帝國的控制權落入兩個人手中：君士坦丁〔Constantine〕控制西部省分，包括義大利和北非，李錫尼斯〔Licinius〕控制巴爾幹半島和東部。*）皇帝斬首。因此，優色比烏斯為自己取了這個名字：Eusebius of Pamphilus（龐飛陸的屬靈之子），以紀念他的殉道者朋友和屬靈的父親（spiritual father）。St. Pamphilus. *Apology for Origen*, translated by Thomas P. Scheck, (Washington, D.C.: The Catholic University of America Press), pp. 4-5.

* Chris Scarre. *Chronicle of the Roman Emperors – The Reign-By-Reign Record of the Rulers of Imperial Rome* (London/the UK: Thamos & Hudson, Ltd., 1995), pp. 207-214；君士坦丁在西部的勝利引發了李錫尼斯（Licinius）和馬克西米努斯‧戴亞（Maximinus Daia）在東部的最終對決。西元 313 年初，李錫尼斯與君士坦丁（Constantine）同父異母的妹妹康斯坦提亞（Constantia）結婚。同時，馬克西米努斯‧戴亞越過博斯普魯斯海峽（Bosphorus）進入歐洲，占領了拜占庭（Byzantium）和赫拉克利亞（Heraclea）。李錫尼斯奮起反抗入侵者。上帝的軍隊再次戰勝了異教的軍隊。對李錫尼斯來說，像君士坦丁一樣，在十字架的旗幟下戰鬥，而馬克西米努斯則發誓，如果眾神賜予他勝利，他就消滅基督教。Ibid., p. 212.

[85] St. Pamphilus. *Apology for Origen*, translated by Thomas P. Scheck, p. 4.

[86] St. Pamphilus. *Apology for Origen*, translated by Thomas P. Scheck, p. 4.

▌參・歐利根的過世與影響

在西元 249 年德西烏斯（Decius[87]，西元 190-251 年）成爲皇帝，並負責重振古代的異教主義（paganism），並規定所有的都必須獻祭給眾神。凡是不服從這個規定的要麼逃離，要麼被監禁，要麼被執行死刑。[88]耶路撒冷的主教亞歷山大（Alexander of Jerusalem）不願意服從而死在監獄裡，而在凱撒利亞（Caesarea）的歐利根被監禁，並在牢房裡被虐待。儘管他並沒有死在獄中，根據佛提烏斯（Photius），歐利根的死有兩個傳統的說法。第一種說法是把他描述爲一位殉教者，在德西烏斯（Decius）統治時期他在獄中被虐待而死，所以他大約在西元 250-251 年過世。[89]第二種說法

---

[87] 德西烏斯曾是一位傑出的元老（senator），並曾於西元 232 年擔任執政官（consul），隨後擔任默西亞（Moesia）和低日耳曼的總督（governor of Lower Germany），在西元 235-238 年時擔任西班牙的塔拉科尼西斯的總督（governor of Hispania Tarraconensis），並在阿拉伯人斐立普（Philip the Arab）統治早期擔任羅馬城市長官（prefect）。於西元 249 至 251 年擔任羅馬的皇帝。由於迫害基督徒，德西烏斯與其說是英雄，不如說是惡棍。凱撒利亞的優西比烏斯的《教會史》中關於阿拉伯人斐立普本人是基督徒的指控的不確定性使背景變得模糊。如果這是真的，那麼德西烏斯的迫害可以被視為對前政權的反抗。249 年至 251 年的迫害直接源自於一項要求所有人在指定日期之前完成的聖旨。那些不這樣做的人將面臨酷刑和處決的危險。該聖旨並不是專門針對基督徒，而是要求所以人必須誓言效忠皇帝和羅馬。許多基督徒拒絕這項法令而被殺。反基督教情緒導致了迦太基（Carthage）和亞歷山大城的大屠殺。Chris Scarre. *Chronicle of the Roman Emperors – The Reign-By-Reign Record of the Rulers of Imperial Rome* (London/the UK: Thamos & Hudson, Ltd., 1995), pp.168-170.

[88] Eusebius. *The Ecclesiastical History*, Books 6-10, VII. I, translated by J.E.L. Oulton, (London/England: Harvard University Press), p. 137. Cf. Origen. *Homilies on Genesis and Exodus*, translated by Ronald E. Heine, Vol. 71, (Washington, D. C.: The Catholic University of America Press, first paperback reprinted 2002), p. 24.

[89] Origen (first paperback reprinted 2002). *Homilies on Genesis and Exodus*, translated by Ronald E. Heine, Vol. 71, p. 24.

是在德西烏斯（Decius）於西元 251 年被殺後，由他的兒子加盧思（Gallus，執政時間大約西元 251 年至西元 253 年）接任他的王位。他並沒有因此停止對教會的迫害，但是加盧思在位沒多久就被瓦勒良（Valerian，執政時間大約西元 253 年至西元 260 年）取代，歐利根也大概是在瓦勒良（Valerian）統治時期初就去世，即大約西元 253 年過世。[90] 歐利根，一位終身獻身於柏拉圖思想與《聖經》研究的早期護教士，出生在亞歷山大城，卻於凱撒利亞畫下人生的終點。他大部分的主要著作由後來的耶柔米（Jerome）與盧非努斯（Rufinus）翻譯爲拉丁文留存下來給我們，儘管有部分的作品仍然保留有少部分的希臘文原文，其餘大部分我們現在能取得的都是拉丁文的翻譯。

▌肆‧歐利根的作品

歐利根的作品確實多得浩如煙海，根據伊皮凡尼武斯（Epiphanius）的估計，他的著作有六千多部，然而耶柔米（Jerome）卻認爲歐利根的作品有兩千多部。[91] 在耶柔米給保拉（Paula）的信件中，他列出了歐利根的作品的七百八十六個標題。[92] 但是他的這些

---

[90] Eusebius. *The Ecclesiastical History*, Books 6-10, VII. I, p. 137. Cf. Origen (first paperback reprinted 2002). *Homilies on Genesis and Exodus*, translated by Ronald E. Heine, Vol. 71, pp. 24-25.

[91] St. Epiphanius. *The Panarion of St. Epiphanius, Bishop of Salamis*, selected passages, translated and edited by Philip R. Amidon, 63.8, p. 216; Origen (first paperback reprinted 2002). *Homilies on Genesis and Exodus*, translated by Ronald E. Heine, Vol. 71, p. 25.

[92] Origen. *Homilies on Genesis and Exodus*, translated by Ronald E. Heine, Vol. 71, p. 25.

巨大的作品由於受到時間的侵蝕，其結構現在已殘破不堪，加上查士丁尼皇帝（emperor Justinian）的譴責和取締所造成的破壞導致當時的抄寫員不敢進一步複製這些作品。[93]

今天我們在優色比烏斯的《教會史》的第六卷裡也能發現到他所列出的歐利根的作品的標題。[94]但是在他們所列出的這些作品中，有不少的作品是已經遺失了。理由也許是因爲他的著作太多以致不僅無法複製，甚至也沒有人曾經有能力把歐利根的所有作品讀完。[95]意思是說，有很多歐利根的作品是未曾被人閱讀過就已經遺失了，更不用說把它們全都翻譯爲拉丁文。因此，有學者認爲歐利根在六世紀的君士坦丁二世的大公會議（Council of Constantinople II）被判爲異端可能與他的許多的作品遺失有極大的關係。[96]在優色比烏斯的《教會史》的第六卷裡還有一個關鍵的段落，它能幫助我們理解歐利根對《聖經》詮釋裡的 ‘$\delta\iota\alpha\lambda\acute{\epsilon}\xi\epsilon\iota\varsigma$’ 這個詞的意思（它的英文翻譯是 ‘homilies’，中文把它翻譯爲「講道集」）。在那裡優色比烏斯這樣說：

> 的確，當信仰日益增長並且我們的教義被大膽地宣揚在所有人的耳中時，確實是合適的，據説，六十多歲的歐利根，由於經過長期的準備，現在已經獲得了極大的便利，他允許速記員記下他在公開場合發表的許多講道（$\delta\iota\alpha\lambda\acute{\epsilon}\xi\epsilon\iota\varsigma$），這是他以前從

---

[93] Henri Crouzel. *Origen*, translated by A.S.Worrall, p. 41.

[94] Origen . *Homilies on Genesis and Exodus*, translated by Ronald E. Heine, Vol. 71, p. 25.

[95] Origen. *Homilies on Genesis and Exodus*, translated by Ronald E. Heine, Vol. 71, pp. 25-26.

[96] Origen. *Homilies on Genesis and Exodus*, translated by Ronald E. Heine, Vol. 71, p. 26.

未允許過的事情。（*Τότε δῆτα, οἷα καὶ εἰκὸς ἦν, πληθυούσης τῆς πίστεως πεπαρρησιασμένου τε τοῦ καθ᾽ ἡμᾶς παρὰ πᾶσιν λόγου, ὑπὲρ τὰ ἑξήκοντά φασιν ἔτη τὸν Ὠριγένην γενόμενον, ἅτε δὴ μεγίστην ἤδη συλλεξάμενον ἐκ τῆς μακρᾶς παρασκευῆς ἕξιν, τὰς ἐπὶ τοῦ κοινοῦ λεγομένας αὐτῷ* διαλέξεις *ταχυγράφοις μεταλαβεῖν ἐπιτρέψαι, οὐ πρότερόν ποτε τοῦτο γενέσθαι συγκεχωρηκότα.*）[97]

儘管我們沒有十足的證據詳細地說明歐利根在撰寫他的講道集（homilies[98]）的確切日期，但是有學者主張它們是在大約西元 238 年至西元 244 年完成的；至於他的評論集（commentary）的寫作，一般相信這是在他成熟時期完成的。[99] 例如：《評論約翰福音》（*Commentary on John*）的第二卷是在西元 231 年歐利根前往在巴勒斯坦的凱撒利亞（Caesarea）之前所寫的作品。[100] 清楚地，講道集與評論集是不一樣的，因為前者是一種「非正式的談話」（*homilia*），而且他直到六十歲時，歐利根才認為自己對《聖經》的了

---

[97] Eusebius. *The Ecclesiastical History*, BK VI, xxxvi, p. 89

[98] Henri Crouzel 認為 'homilies' 是指希臘文的 '*dialexeis*'，它的拉丁文是 'homilia'，意思是指「非正式的講說」。早期基督教對聖經的評論的講道被稱為是沒有修辭之下簡單地表達他們的措辭。Henri Crouzel. *Origen*, translated by A.S. Worrall, p. 25.

[99] Origen. *Commentary on the Gospel According to John*, Books 1-10, translated by Ronald E. Heine, Vol. 80, (Washington, D.C.: The Catholic University of America Press, 1989), p. 5.

[100] Lenka Karfikova. 'Is Romans 9, 11 Proof For Or Against The Pre-Existence of the Soul?' in the *Origeniana Duodecima*: *Origen's Legacy in The Holy Land – A Tale of Three Cities: Jerusamlem, Caesarea and Bethlehem*, Proceedings of the 12th International Origen, Congress, Jerusalem, 25-29 June, 2017, edited by Brouria Bitton-Ashkelony – Oded Irshai, Aryeh Kofsky, Hillel Newman, Lorenzo Perrone, (Leuven, Paris, Bristol: Peters, 2019), p. 629.

解和對《聖經》的默想足以讓他把他的講道記下來出版。[101] 這樣顯然地，我們不能把講道集視爲像評論集這樣的正式作品。

在歐利根眾多的著作中，其中有兩部作品是關於他對基督教信仰的理解的主要綱要：一部作品是他在亞歷山大城時期（大約西元 216-231 年）所寫的《論第一原理》（*Peri Archôn*），另一部作品是他移居到凱撒利亞時期所創作的《駁瑟蘇斯》（*Contra Celsum*）。這兩部重要作品的差異是前者是系統神學的第一次嘗試，它大約寫於西元 220 與西元 231 年；今天我們取得由盧非努斯（Rufinus）在西元 397 年完成的拉丁文翻譯的文本。後者是對基督教信仰的經典辯護，以抵禦二世紀柏拉圖式的修辭學家的有教養者的攻擊，[102] 即反駁柏拉圖主義者瑟蘇斯對基督教信仰的攻擊。這兩部著作對歐利根而言是極具意義，一者是他早期的作品，另一者是接近他臨終時晚期的作品。我們可以從他這兩部作品裡認識到他在早期專注於以柏拉圖的哲學建立自己哲學的神學系統。相對地，晚期他作爲一位教會的長老以柏拉圖的哲學和《聖經》的眞理捍衛基督信仰。Ronald Heine 這樣的描述他：「至少在某種意義上，他是第一個可以被稱爲系統神學家的基督徒，但他的神學源於《聖經》，因爲他理解《聖經》。他也是基督教靈性的老師，但就像他

---

[101] Henri Crouzel. *Origen*, translated by A.S.Worrall, pp. 29-30；Henri Crouzel 認為除了《論路加的講道集》(*Homilies on Luke*) 之外，大約在西元 245 年之後大量歐利根在教會裡的講道出版成集。Henri Crouzel. *Origen*, p. 30.

[102] Ronald E. Heine (2013). *Origen – Scholarship in the Service of the Church*, (Oxford/The UK: Oxford University Press, first edition published 2010), p. 83. 以及 Ronald E. Heine. 'Origen' in *The Routledge Companion to Early Christian Thought*, edited by D. Jeffrey Bingham, (London and New York: Routledge, 2010), p. 195。

的神學一樣，這也植根於他對《聖經》的理解，並在其術語中得到
闡述。歐利根活在《聖經》中，也許在整個教會歷史中沒有其他人
像他那樣。」[103]

　　在歐利根眾多作品之中，其中《聖經六版並排》（*Hexapla*）
目前只有留存下且被許多作者引述的部分殘篇，其完整的原始作品
沒有被抄寫員抄錄與複製，但它一直保存在歐利根在凱撒利亞時的
圖書館裡，直到被波斯人或阿拉伯人摧毀。[104]在優色比烏斯的《教
會史》的第十六卷裡我們發現到，優色比烏斯對歐利根這部他的嘔
心瀝血的作品的描述：[105]

　　　　歐利根對神聖書籍的檢驗是如此準確，以至於他甚至澈底研究
　　　　了希伯來文語言，並獲得了猶太人中現存的實際希伯來文字的
　　　　原始著作。因此，他也追溯了《七十士譯本》（*the Seventy*）
　　　　以外的其他聖經譯者的版本：除了阿居拉（Aquila[106]）、敘馬

---

[103] Ronald E. Heine. 'Origen' in *The Routledge Companion to Early Christian Thought*, edited by D. Jeffrey Bingham, p. 189.

[104] Henri Crouzel. *Origen*, translated by A.S.Worrall, p. 41.《聖經六版並排》亦有學者翻譯為《六文本合參》。

[105]《聖經六版並排》是歐利根的偉大批評作品，之所以這樣稱呼是因為它被安排在六個主要欄目中，從左到右的順序如下：(1) 希伯來人，(2) 將希伯來音譯成希臘文字母，(3) 阿居拉（Aquila），(4) 敘馬庫斯（Symmachus），(5)《七十士譯本》以及 (6) 迪奧多蒂翁（Theodotion）。有關於《聖經六版並排》這部作品，〈詩篇〉的《聖經六版並排》有欄，而平行的欄中的四種文本中（Tetrapla）把欄省略掉。參考出處：Eusebius. *The Ecclesiastical History*, Books 6-10, XVI，註解 1 與 2，頁 52-53。

[106]《舊約》的希臘文版本是本都錫諾普人（Sinope in Pontus）阿居拉的作品。他生活在哈德良（Hadrian，西元 117-138 年）統治下。根據伊皮凡尼烏斯（St. Epiphanius），他是皇帝的親戚，在耶路撒冷逗留期間皈依了基督教，但由於拒絕放棄占星學研究，他被逐出

庫斯（Symmachus[107]）和迪奧多蒂翁（Theodotion[108]）的經典
翻譯之外，他還發現了其他一些被輪流使用的翻譯，在隱藏
了很長時間之後，他追查並公開了，我不知道是從什麼時候開
始的。關於這些，由於它們默默無聞（不知道他們在世界上是
誰），他只是指出了這一點：他在亞克興附近（near Actium）
的尼哥波立（Nicopolis[109]）發現了一個，另一個在這樣的另一
個地方。無論如何，在〈詩篇〉的《聖經六版並排》中，在四

教會，並成為猶太教（Judaism）的改宗者。在成為拉比（Rabbis）的學徒後，他從拉比
那裡學習到了希伯來語和拉比的釋經方法，並利用這些知識對《七十士譯本》進行了修
訂。它很快就被講希臘語的猶太人所採用，而不是基督教所使用的《七十士譯本》。他
的翻譯於大約西元 140 年完成。他的翻譯是非常字面意思，因為他試圖準確地再現單個
希伯來語單字和短語。F. L. Cross and E. A. Livingstone edited. *The Oxford Dictionary of the
Christian Church*, (Oxford/the UK: Oxford University Press, 1997), p. 94.

[107] 敘馬庫斯是大約西元二世紀晚期的人物，且是《舊約》希臘文譯本的譯者，轉載於歐利
根的《聖經六版並排》（*Hexapla*）的第四欄。他的生平鮮少為人所知。根據優色比烏
斯與耶柔米，他是伊便尼派（Ebionite），但是伊皮凡尼武斯卻說他是一位撒瑪利亞人，
後來改宗為猶太教。與阿居拉不一樣，敘馬庫斯更喜歡可令人閱讀的風格和令人愉悅的
翻譯，而不是語言的準確性，他修改了希伯來文本的擬人化表達。因此，他現存的作品
的許多斷簡殘篇對於關鍵目的來說價值是有限的。F. L. Cross and E. A. Livingstone edited.
The Oxford Dictionary of the Christian Church, (Oxford/the UK: Oxford University Press,
1997), pp. 1566-1567.

[108] 他是大約西元二世紀時期的人物，且是《舊約》希臘文版本的翻譯者或修訂者放置在歐
利根的《聖經六版並排》中，緊接著《七十士譯本》之後。關於他的生平，我們幾乎一
無所知。他於西元一世紀中期創作，是《七十士譯本》的希伯來語修訂本的作者，其
中的《小先知書》的一些斷簡殘篇在猶太沙漠中被發現，並且在其他書籍的文本傳統
中發現了更多元素。《聖經六版並排》中的迪奧多蒂翁文本對耶柔米來說具有特殊的價
值，因為歐利根使用它來彌補《七十士譯本》文本中的許多空白。F. L. Cross and E. A.
Livingstone edited. *The Oxford Dictionary of the Christian Church*, (Oxford/the UK: Oxford
University Press, 1997), p. 1602.

[109] 有關於尼哥波立，請參考約瑟夫（Flavius Josephus）。《猶太古史記》（*The Jewish An-
tiquities*），第十六卷，3-147。現在有人把這座城市翻譯為尼科波利斯。

個著名的版本之後，他不僅在它們旁邊放置了第五個，而且
還有第六個和第七個譯本；對於其中一個，他再次指出，它
是在塞維魯斯（Severus）的兒子安東尼烏斯時代（the time of
Antoninus）在耶利哥（Jericho）的一個罐子裡被發現的。他
將所有這些放在一起，將它們分成子句，並將它們與實際的希
伯來文文本放在一起；因此他給我們留下了所謂的《聖經六版
並排》的文本。在平行的欄中的四種文本（Tetrapla）中，他
將阿居拉（Aquila）和敘馬庫斯（Symmachus）以及迪奧多蒂
翁（Theodotion）的版本與《七十士譯本》的版本進一步分開
編排。[110]

歐利根的《聖經六版並排》的影響非凡。根據 Henri Crouzel，歐
利根所追溯的《七十士譯本》文本，輔以從其他版本中借來的內
容，這些版本引起了人們的注意，經常被複製，尤其是優色比烏
斯，他奉君士坦丁（Constantine[111]）之命製作了五十份副本。除此
之外，它也被泰拉的主教保羅（bishop Paul of Tella）翻譯爲敘利
亞文，所以我們今天也擁有部分的《敘利亞文的聖經六版並排》

---

[110] Eusebius. *The Ecclesiastical History*, XVI, pp. 51-53.
[111] 君士坦丁擊敗了李錫尼斯（Licinius）之後，他更自由地推行他的新宗教政策。在西元
324 年以後的不久，異教祭祀被禁止，帝國官員被派往東部各省，尋找沒收異教寺廟財
寶的地方。這次巨額沒收的部分收益被用於建造宏偉的新教堂，尤其是在伯利恆和耶路
撒冷的聖地。大約在同一時間，角斗比賽被禁止，君士坦丁通過了嚴厲的法律來打擊性
不道德並禁止儀式性賣淫（ritual prostitution）。同時，他也成爲羅馬和君士坦丁堡（Con-
stantinople）以及帝國其他重要地點基督教教堂的偉大建造者。Chris Scarre. *Chronicle of
the Roman Emperors – The Reign-By-Reign Record of the Rulers of Imperial Rome* (London/
the UK: Thamos & Hudson, Ltd., 1995), pp.216-220.

（*Syrohexaplarion*）。最新版本的《聖經六版並排》存留下來的
殘篇是 Fr. Field 的版本，它分為兩卷，大約在 1867 年出版，並在
1960 年經修訂重新發行。但是，由於自 1875 年以來發現了許多其
他斷簡殘片，因此需要一個新版本。[112]

▌結語

　　歐利根到底種族上是埃及人，還是希臘人呢？有關於這個問
題，我們並不能得到一個確鑿的答案。但是這一點都不影響到他在
基督宗教上哲學神學的貢獻與地位。歐利根與他的父親一樣都是為
了自己的信仰而殉教，但他比他的父親更勝一籌的是他留下許多重
要的著作給我們，這些古典著作對我們今天研究哲學神學的意義是
筆墨難以形容。歐利根在基督教會歷史上的重要性是無法被取而代
之，這是無可否認的事實。

---

[112] Henri Crouzel. *Origen*, translated by A.S.Worrall, p. 41.

▋參考書目

Cross, F. L. and Livingstone, E. A. edited. *The Oxford Dictionary of the Christian Church*, Oxford/the UK: Oxford University Press, 1997.

Crouzel, Henri. Origen, translated by A.S. Worrall, Edinburg/Scotland: T.&T. Clark, 1989.

Dillon, John. 'Origen and Plotinus: The Platonic Influence on Early Christianity' in *The Relationship between Neoplatonism and Christianity*, edited by Thomas Finan and Vincent Twomey with a forward by John J. O' Meara, Dublin/Ireland: Four Courts Press, 1992.

Eusebius. *The Church History*, translation and commentary by Paul L. Maier, Grand Rapids/Michigan: Kregel Publications, 1999, 2007.

Eusebius. *The Ecclesiastical History*, translated by J.E.L. Oulton, London/England: Harvard University Press, 1932.

Gregor der Wundertäter. *Denkrede an Origenes*, Griechisch Deutsch, Übersetzt von Peter Guyot, Eingeleitet von Richard Klein, Germany: Verlag Herder Freiburg im Breisgau, 1996.

Heine, E. Ronald. *Origen – Scholarship in the Service of the Church*, The UK: Oxford University Press, first published 2010.

_____. 'Origen' in *The Routledge Companion to Early Christian Thought*, edited by D. Jeffrey Bingham, London and New York: Routledge, 2010.

Lenka Karfikova. 'Is Romans 9, 11 Proof For Or Against The Pre-

Existence of the Soul?' in the *Origeniana Duodecima: Origen's Legacy in The Holy Land – A Tale of Three Cities: Jerusamlem, Caesarea and Bethlehem*, Proceedings of the 12th International Origen, Congress, Jerusalem, 25-29 June, 2017, edited by Brouria Bitton-Ashkelony – Oded Irshai, Aryeh Kofsky, Hillel Newman, Lorenzo Perrone, Leuven, Paris, Bristol: Peters, 2019.

Origen. *The Commentary of Origen on the Gospel of St. Matthew*, volume I, translated with Introduction and Brief Annotations by Ronald E. Heine, the UK: Oxford University Press, 2018.

Origen. *Homilies on Genesis and Exodus*, translated by Ronald E. Heine, Vol. 71, Washington, D. C.: The Catholic University of America Press, first paperback reprinted 2002.

Origen. *Commentary on the Gospel According to John*, Books 1-10, translated by Ronald E. Heine, Vol. 80, Washington, D.C.: The Catholic University of America Press, 1989.

Origen. *The Commentary of Origen on The Gospel of St. Matthew*, translated with Introduction and Brief Annotations by Ronald E. Heine, Vol. I, The UK: Oxford University Press, 2018.

Plotinus. *Porphyry On Plotinus–The Life of Plotinus* in the *Ennead I*, translated by A. H. Armstong, London/England: Harvard University Press, first published 1966, Revised 1989.

Ramelli, Ilaria. L.E. 'Origen and Platonic Tradition' in the *Religions* 2017, 8. 21, pp. 1-20 doi:10.3390/rel8020021. (https://www.mdpi.com/2077-1444/8/2/21, accessed dated Sept. 2021)

Rev. William Fairweather, M.A.. *Origen and Greek Patristic Theol-*

ogy, England and Wales: FB &c Ltd., 2015.

Scarre, Chris. *Chronicle of the Roman Emperors – The Reign-By-Reign Record of the Rulers of Imperial Rome*, London/the UK: Thamos & Hudson, Ltd., 1995.

St. Epiphanius. *The Panarion of Epiphanius of Salamis*, Bishop of Salamis, Frank Williams translated, Books II and III. *De Fide*, editors Johannes Van Oort & Einar Thomassen, Leiden/the Netherlands: Koninklijke Brill NV, 2013.

St. Epiphanius. *The Panarion of St. Epiphanius, Bishop of Salamis, Selected Passages*, Philip R. Amidon, S.J. translated, 64.1.1., New York/Oxford: Oxford University Press, 1990.

St. Pamphilus. *Apology for Origen*, translated by Thomas P. Scheck, Washington, D.C.: The Catholic University of America Press, 2010.

Trigg, W. Joseph. *Origen – The Early Church Fathers*, London/New York: Routledge, 1998.

van den Broek, Roelof. 'The Christian "School" of Alexandria in the Second and Third Centuries' in *Centers of Learning: Learning and Location in Pre-Modern Europe and the Near East*, edited by Jan Willem Drijvers and Alasdair A. MacDonald (Leiden. New York, Köln: E.J.Brill, 1995).

克里斯多夫・霍恩（Christoph Horn）著。《奧古斯丁─哲學思想導論》，羅月美譯，臺北：五南出版社，2021 年 3 月。

阿明・孔恩（Armin Kohnle）著。《路德、喀爾文以及其他人：宗教改革及其結果》，羅月美譯，臺北：五南出版社，2022 年 11 月。

約瑟夫（Flavius Josephus）著。《猶太古史記》（The Jewish An-
tiquities），New York/the US：信心聖經神學院，2013 年 8 月初
版，2016 年 1 月二版。

馬克·愛德華斯（Mark Julian Edwards）著。《歐利根駁斥柏拉
圖》，羅月美譯，臺北：五南出版社，2020 年 5 月。

曼弗烈·孔恩（Manfred Kuehn）著。《康德：一個哲學家的傳
記》，黃添盛譯，臺北：商周出版，2005 年。

第三章　基督徒歐利根與他的老師阿摩尼烏斯

　　歐利根在歷史上的地位像一個謎那樣，他到底是一位由優色比烏斯的《教會史》裡所描述的一位在一個學習希臘文學裡長大的希臘人，後來變節投入到蠻族的思想中不僅專心於研究柏拉圖以及熟悉努美尼烏斯與克羅尼斯（Cronius）、阿波羅芬尼斯（Apollophanes）、郎吉努斯（Longinus，大約西元213-273年）等人的作品，且也使用斯多噶主義者開雷蒙（Chaeremon）以及寇努杜斯（Cornutus）的書籍，從寇努杜斯那裡他學習到希臘人對奧祕的轉義的詮釋，並把他應用到猶太人作品？[1]還是一位像伊皮凡尼武斯（Epiphanius[2]）所描述的那樣，一位出生是基督徒，在教會裡長大

---

[1] Eusebius. *Ecclesiastical History*, translation by J.E. L. Oulton, Vol. II, Bk VI. xix (London/England: Harvard University Press, 1932), p. 59；參考馬克‧愛德華斯。《歐利根駁斥柏拉圖》，羅月美譯（臺北：五南出版社，2020年5月），頁88-89。

[2] 伊皮凡尼武斯大約於西元310與320年之間出生在巴勒斯坦（Palestine），靠近 Eleutheropolis 的地方。當他還年輕的時候，他就去了埃及，可能是在亞歷山大城這裡學習。然而，顯然，他並沒有花太多時間學習，就加入了沙漠中的一群反對歐利根學說的修士，並在那裡待了相當長的一段時間。他們有時把歐利根視為是阿里烏的創始者。後來，伊皮凡尼武斯在他的著作以及他在與 Theophilus of Alexandria 和 John Chrysostom 之間的爭論中都表現出一種對歐利根主義（Origenism）的特別厭惡。St. Epiphanius. *The Panarion*

卻在亞歷山大城裡接受雅典的學校（the schools of Athens）裡的
異教徒教育長大的埃及人呢？[3] 還是一位波菲利在他的所寫的《普
羅丁的生平》（*Vita Plotini*）中曾寫過兩部作品——《論神靈》
（Περὶ τῶν δαιμόνων）與《國王是唯一的創造者》（Ὅτι μόνος
ποιητὴς ὁ βασιλεύς）——，並與普羅丁是同學的一位新柏拉圖主義
者呢？

　　他的身分的確定之重要性除了可以幫助我們釐清歐利根在哲
學神學的貢獻，這對於從事研究哲學與神學的意義是重大的以避免
我們捲入到一個錯誤的詮釋的前提上之外，更重要的是，在研究歐
利根的哲學神學思想之前，這是一個必須澄清與討論的問題：在普
羅丁《九章集》的第一卷裡波菲利所寫的〈普羅丁的生平〉，他提
到一位名為歐利根的新柏拉圖主義者，這位歐利根是否與優色比烏
斯的《教會史》裡所說的歐利根是否是同一位人物呢？還是優色比
烏斯在他的《教會史》裡他搞錯了，這位出生在亞歷山大城的基督
徒歐利根在種族上是一位埃及人，而不是一位出生亞歷山大城裡
的希臘人？不管如何，波菲利與優色比烏斯的作品導致了「一個或
兩個」（'*simplex vel duplex*'）歐利根的問題。[4] Theo Kobusch 就指

---

of St. Epiphanius, Bishop of Salamis, selected passages, translated by Philip R. Amidon, S. J.,
(Oxford/New York: Oxford University Press, 1990), Foreword；伊皮凡尼武斯主要的著作是
《駁異端》（*Panarion*）——希臘文 'Panarion' 的意思是指「藥箱」，其意涵是指「宗派
之毒的解藥」。這部著作在 374-376 年期間寫成了三卷書，並正式寫給敘利亞修道院院
長保羅和阿卡修斯（Acacius），他們要求寫這樣一部作品。同上。

[3]　St. Epiphanius. The *Panarion* of St. Epiphanius, Bishop of Salamis, selected passages, trans-
lated by Philop R. Amidon, S.J., (Oxford/New York: Oxford University Press, 1990), p. 213.

[4]　Peter Gemeinhardt. 'Origenes simplex vel duplex? Das Origenes-Problem aus der Sicht eines
Kirchengeschichtlers', *Origenes der Christ und Origenes der Platoniker*, herausgegeben von

出，在十七世紀時首次提出我們必須將基督教哲學家歐利根與波菲利的〈普羅丁的生平〉中提到的同名新柏拉圖主義者歐利根區分開來，這個問題一直是激烈爭論的問題。[5]因此，Ilaria L. E. Ramelli 認爲，這是沒有必要耗盡學術的資源去區分這兩位歐利根，一位是柏拉圖主義者歐利根，另一位是基督徒歐利根，因爲這是有可能他們兩人是同一個人。[6]從以上我們看得出來這個問題的複雜性以及自十七世紀以來一直糾纏著西方學術研究。

到底有一位歐利根，還是兩位歐利根呢？一者爲柏拉圖主義者，另一者爲基督徒。有關於這個問題，在歐美學術界裡學者們的意見歧異。例如：Ronald E. Heine 不接受伊皮凡尼武斯的主張認爲他是一位埃及人，他認爲這是由於他擁有一個埃及的名字所導致的一個錯誤的誤解；[7]而馬克・愛德華斯在他的《歐利根駁斥柏拉圖》這部作品裡持與 Ronald E. Heine 相反的觀點，他接受伊皮凡尼武斯的記述。[8]他主張有兩位歐利根，且他也認爲這兩位歐利根

Balbina Bäbler und Heinz-Günther Nesselrath, (Tübingen/Germany: Mohr Siebeck, 2018), S. 43.

[5] Theo Kobusch. 'Produktive Rezeption: Zum Platonismus des "christlichen Philosophen" Origenes' in *Origenes der Christ und Origenes der Platoniker*, herausgegeben von Balbina Bäbler und Heinz-Günther Nesselrath, (Tübingen/Germany: Mohr Siebeck, 2018), S. 61.

[6] Ilaria L.E. Ramelli. 'Origen, Patristic Philosophy, and Christian Platonism Re-thinking the Christianisation of Hellnism', *Vigiliae Christianae*, Vol. 63, No. 3, 2009: 240.

[7] Ronald E. Heine. *Origen – Scholarship in the Service of the Church*, (Oxford/the UK: Oxford University Press, 2010), p. 20；Origen 的意思是指「荷魯斯的後裔」（'descendant of Horus'）。荷魯斯（Horus）是在古代埃及裡的一個大家所熟悉的神祇的名字。同上。另外參考 Ilaria L.E. Ramelli. 'Origen, Patristic Philosophy, and Christian Platonism Re-thinking the Christianisation of Hellnism', 2009: 221。

[8] 馬克・愛德華斯（Mark Julian Edwards）。《歐利根駁斥柏拉圖》，羅月美譯，頁 17。

分別由兩位同名的阿摩尼烏斯（Ammonius）所教導。儘管如此，這不能導出學界們都已達成了共識，並一致認為有兩位歐利根。正如 Peter Gemeinhardt 所持的觀點那樣，他認為對西元三世紀的歐利根的數量問題的討論是由來已久的，我們不止一次認為所有的爭論早已交換過；可是，始終卻沒有出現一個明確的答案。因為即使學者們可從古典語言學、哲學歷史學或古代歷史考古學的角度來分析，但是他們可用的資源是相同的，即相同的稀缺。[9] 所以在對它的研究的資源的稀缺的情況之下，要斷定某個學科領域裡的某個學者的主張是獨斷的，但這並不表示對它的討論不重要，而是更突顯了對它的研究的困難性。

　　本章節試圖以一些大家所熟悉的西方學者的論述來釐清這個問題，分為兩部分處理。第一部分所要討論的是否新柏拉圖創始者阿摩尼烏斯·撒克斯（Ammonius Saccas）與終其一身都為基督徒的阿摩尼烏斯（Ammonius），他們是否是同一人？這是在討論是否只有一位或兩位歐利根所導引出的一個問題。接著，在第二部分裡我們才進入到對一位或兩位歐利根的探討。

▌壹·兩位阿摩尼烏斯

　　另外，Theo Kobusch 還指出，對兩位歐利根的這個問題的討論卻增加了一個額外的問題，即是否有兩位阿摩尼烏斯，一位是新柏拉圖主義的創始人阿摩尼烏斯·撒克斯（Ammonius Saccas，大

9　Peter Gemeinhardt. 'Origenes simplex vel duplex? Das Origenes-Problem aus der Sicht eines Kirchengeschichtlers', S. 41-42.

約西元 175-242 年），另一位稱爲阿摩尼烏斯。關於後者的身分，學者們的爭論是，是否他是一位基督教哲學家阿摩尼烏斯，優色比烏斯爲他的一部作品取的名字是《摩西與耶穌之間的協議》（*Die Übereinstimmung zwischen Moses und Jesus*），還是他是由朗吉努斯（Longinus，大約西元 213-273 年）所提到的那位漫步學派者呢？[10] 也就是說，是否有一位由波菲利在《普羅丁的生平》裡提到的新柏拉圖主義的創始者，他是新柏拉圖主義者普羅丁與歐利根的老師阿摩尼烏斯·撒克斯，另一位是基督徒阿摩尼烏斯，他是基督徒歐利根的老師呢？如果只有一位阿摩尼烏斯的話，那麼是否波菲利的新柏拉圖主義者歐利根與優色比烏斯的基督徒歐利根都共同是阿摩尼烏斯的學生呢？

　　我們從波菲利在《普羅丁的生平》對這位新柏拉圖主義者阿

---

[10] Theo Kobusch. 'Produktive Rezeption: Zum Platonismus des "christlichen Philosophen" Origenes' in *Origenes der Christ und Origenes der Platoniker*, S. 61；根據馬克·愛德華斯，這是「帖歐都雷特（Theodoret）把沙卡斯（Saccas）這個姓加在這位阿摩尼烏斯上，波菲利的《普羅丁的生平》包含一封出自於博學的朗吉努斯（Longinus）的信，在這封信裡，普羅丁被稱頌為他的世代的一個重要的柏拉圖主義者」。馬克·愛德華斯（Mark Julian Edwards）著，《歐利根駁斥柏拉圖》，羅月美譯，頁 92。馬克·愛德華斯在另一篇論文裡這樣說：「根據 Ammianus Marcellinus 的介紹（他把他稱為阿摩尼烏斯·撒克斯），阿摩尼烏斯·撒克斯來自於亞歷山大城的地區，名為布魯奇翁（Bruchion）；也根據帖歐都雷特的說法，他是康茂德統治時期（the reign of Commodus）的一名搬運工，因此獲得了撒克斯（Saccas）姓氏。」Mark Edwards. 'One Origen or Two? The Status Questionis' in *Symbolae Osloenses*, Vol. 89, No. I, (Routledge Taylos &Francis Group, 2015): 82-83；根據 A. H. Armstrong，這位阿摩尼烏斯（大約西元 175-242 年）沒有撰寫任何的作品，我們對他的教學所知甚少。他綽號撒克斯（Saccas）和他曾經以搬運工為生的故事首次出現在帖歐都雷特中，這點波菲利不曾提及到。Porphyry. 'The Life of Plotinus' in *Ennead I*, translated by A. H. Armstrong, (London/England: Harvard University Press, 1966), footnote 1, pp. 8-9.

摩尼烏斯的了解有以下兩個地方：一者是普羅丁成爲他的學生的過程，以下波菲利告訴我們有關於普羅丁如何認識這位新柏拉圖主義的創始者：[11]

在他（即普羅丁，筆者註）二十八歲的時候，他產生了學習哲學的衝動，並被推薦給當時享有最高聲譽的亞歷山大城的老師們。但聽完他們的演講後，他感到十分沮喪與難過，於是他把自己的這個煩惱告訴了他的一位朋友。這位朋友了解他內心的欲望，把他送到阿摩尼烏斯（Ammonius）那裡，到目前為止他還沒有感到厭倦。他去聽了他的講話，並對他的朋友說：「這就是我要尋找的人。」從那天起，他就一直跟隨著阿摩尼烏斯，並接受他的完整的哲學訓練。（*The Life of Plotinus*, 3, 5-13）

另一者是當阿摩尼烏斯過世之後，波菲利告訴我們普羅丁與他的同學做了以下的約定：[12]

埃倫紐斯（Erennius）、歐利根和普羅丁達成協議，不透露阿

---

[11] 參考 Mark Edwards. 'One Origen or Two? The Status Questionis' in *Symbolae Osloenses*, Vol. 89, No. I, (Routledge Taylos &Francis Group, 2015): 83 。

[12] Ibid; Christph Riedweg 也認為這個協議可能是在阿摩尼烏斯死後達成的，但也可能他還活著時，他的這三位學生共同同意在他們的老師活著時保守祕密，也可能適應他們的老師的要求之下他們做出來的保密協議。Christoph Riedweg. 'Das Origenes-Problem aus der Sicht eines Klassischen Philologen' in *Origenes der Chris und Origenes der Platoniker*, (Tübingen/ Deutschland: Mohr Siebeck, 2015), S. 26.

摩尼烏斯在講座中向他們透露的任何學說。普羅丁遵守了協
議，儘管他與來找他的人舉行會議，但對阿摩尼烏斯的學說保
持沉默。埃倫紐斯是第一個打破協議的人，歐利根緊隨其後。
（*The Life of Plotinus*, 3, 24-30）

相對應地，優色比烏斯的《教會史》裡說，阿摩尼烏斯創作許多的
作品，這些作品不僅在當時廣為流傳，且是當時許多的文學愛好者
爭相收藏著，其中有一部最廣為人知的作品名為《摩西與耶穌之間
的協議》，而他在當時的聲譽也歸功於他的這些作品。[13] 因此，這
是有可能的，即波菲利的阿摩尼烏斯與優色比烏斯的阿摩尼烏斯可
能不是同一位阿摩尼烏斯。

　　優色比烏斯在《教會史》中說，波菲利主張：

我指的是歐利根，他的名聲在這種學問的教師中廣為流傳。因
為這個人是阿摩尼烏斯的聽眾，而阿摩尼烏斯是我們這個時
代最精通哲學的人。就知識的掌握而言，他的老師給予他很
大的幫助，但就人生的正確選擇而言，他卻走了與老師相反的
道路。因為阿摩尼烏斯是一名基督徒，由父母在基督教教義中
扶養長大，然而，當他開始思考和研究哲學時，他立即改變了
自己的生活方式，使其符合法律。相比之下，歐利根接受過希
臘教義的教育，他是希臘人，卻一意孤行地走向了外邦人的魯
莽。[14]

---

[13] Eusebius. *The Ecclesiastical History*, translation by J. E. L. Oulton, (London/England: Harvard University Press, first published 1932), Vol. II, BK6-10, VI. Xix. 10, p. 61.

[14] Eusebius. *Ecclesiastical History*, VI, xix, 6-7, p. 59.

以上我們知道，波菲利指出歐利根之所以爲大家所認識是由於他的
老師阿摩尼烏斯的關係，他可能是把基督徒歐利根與新柏拉圖主義
者的歐利根視爲同一位歐利根。另一方面，波菲利稱歐利根是一位
接受希臘教育，且爲教會辯護的希臘人（這裡「外邦人」不是指非
希臘人，而是指基督徒），這點與我們在第二章裡討論歐利根的生
平時指出歐利根是一位在基督教家庭裡長大，且接受基督教教育的
基督徒不一樣。馬克‧愛德華斯指出波菲利在這裡的阿摩尼烏斯是
指新柏拉圖主義者的阿摩尼烏斯，與優色比烏斯的阿摩尼烏斯不是
同一位阿摩尼烏斯。[15]

Richard Goulet 認爲波菲利不僅犯了一個錯誤，使得尋找有
第二位阿摩尼烏斯變得無關緊要（儘管這個錯誤只持續了一段
時間），而且在他撰寫他的《反對基督徒》（*Against the Chris-
tians*）一書時，波菲利相信基督教的歐利根與異教的新柏拉圖主義
者歐利根是相同的一個人，因此將異教徒的教育歸咎於這位基督
徒。[16]根據馬克‧愛德華斯，Goulet 的說法是「波菲利在他的《反
對基督徒》（*Against the Christians*，大約西元 207 年）一書中所
犯的錯誤是混淆了兩個歐利根。他並沒有放棄他在《普羅丁的生
平》（大約西元 300 年）中所犯的這個錯誤，因爲這是他自己在某
個時期所特有的，因此他的讀者不太可能被誤導」。[17]而馬克‧愛
德華斯卻認爲儘管波菲利忽略了歐利根的在嬰兒時期的基督教教養

---

[15] Mark Edwards. 'Ammonius, Teacher of Origen', in *Journal of Ecclesiastical History*, Vol. 44, No. 2, (Cambridge University Press, 1993): 172.

[16] Ibid.

[17] Ibid.

（*paideia*），但他並沒有虛偽地暗示歐利根有異教徒的父母，相反地，他將阿摩尼烏斯的基督教出身與他的學生歐利根的異教教育進行對比。[18] 他進一步指出，事實上，波菲利是在說，歐利根對希臘哲學的教導是如此完美，以至於他配得上被稱爲希臘人。因此，在成熟時期他對基督教信仰的堅持，從言辭上來看，會被視爲一種叛教（apostasy）。[19]

　　主張有兩位阿摩尼烏斯的第二個考慮是波菲利在《普羅丁的生平》裡提到：「埃倫紐斯（Erennius）、歐利根與普羅丁達成協議，不透露阿摩尼烏斯在講座中向他們透露的任何學說。普羅丁遵守了協議，……埃倫紐斯是第一個打破協議的人，歐利根緊隨其後；但除了《論神靈》（*On the Spirits*）和加利恩努斯（Gallienus[20]）統治時期的《國王是唯一的創造者》（*That the King is*

---

[18] Ibid., p. 173.

[19] Ibid., p. 172；馬克‧愛德華斯在他的《歐利根駁斥柏拉圖》中也指出「誠如新柏拉圖主義者波菲利（Porphyry）所宣稱的那樣，他是在希臘人中被養育而被視為希臘人，而只是後來以新外邦人的文化替換了他的祖先的文化」。這裡，很清楚地，馬克‧愛德華斯主張歐利根是埃及人，而非希臘人。馬克‧愛德華斯（Mark Julian Edwards）著。《歐利根駁斥柏拉圖》，羅月美譯，頁 18。參考本書的第二章，〈歐利根的生平〉。

[20] 加利恩努斯於西元 253-268 年為羅馬皇帝。在西元 253 年，當他的父親瓦勒良（Valerian，於 253-260 年在位）成為皇帝時，他大約四十歲。同時他本人也被命名為凱撒，但不到一個月，他就被提升為奧古斯都，並與他的父親一起形成聯合統治者。第二年，當他的父親離開羅馬去對抗波斯的威脅時，他將西部行省的責任交給了加利恩努斯。兩人再也沒有見面。在瘟疫、內戰和外國入侵時期，他對詩歌、文學和藝術的興趣令人驚訝。加利恩努斯對這位最後一位偉大的異教哲學家，同時也是新柏拉圖主義者的普羅丁（Plotinus，西元 204-270 年）十分的支持，在建築上他鼓勵一種新的雕塑風格，這種風格可以追溯到奧古斯都時代（the Augustan age）的古典主義。西元 268 年哥德人的入侵是加利恩努斯統治時期的最後一場大災難。Chris Scarre. *Chronicle of the Roman Emperors – The Reign-By-Reign Record of the Rulers of Imperial Rome* (London/the UK: Thamos & Hudson, Ltd., 1995) pp. 174-182.

the Only Maker）之外，他[21]什麼也沒寫。」[22]即波菲利告訴我們這位阿摩尼烏斯禁止他的學說的出版，他當時到底傳授什麼知識給他的學生們，我們就無從得知。因此，這位阿摩尼烏斯可能是新柏拉圖主義者歐利根的老師。可是，在 Christoph Riedweg 的論文中，他提到 Szlezak 的觀點指出，「不透露任何東西」絕不等同於出版，還包括「祕密」的口頭傳授。[23]換言之，Szlezak 主張，這位歐利根出版的兩部作品是記錄他的老師在給他們授課時的內容。相反地，優色比烏斯所告訴我們的那一位阿摩尼烏斯，他出版了一部作品，名稱是《摩西與耶穌之間的協議》（Die Übereinstimmung zwischen Moses und Jesus），[24]他可能是基督徒歐利根的老師。

除了以上兩個考慮之外，波菲利在《普羅丁的生平》裡特別穿插了朗吉努斯（Longinus）的一個序言，在這個序言裡朗吉努斯提到：

> 在漫步學派（Peripatetics）中，阿摩尼烏斯和托勒密（Ptol-emaeus）都是當時最重要的學者，尤其是阿摩尼烏斯；在學問上沒有人能與他相比，但他們並沒有寫下任何專業的哲學著作，只寫過詩歌和表演演講，我相信這些作品是在未經他們同

---

[21] 他是指新柏拉圖主義者歐利根，作者註解。

[22] Porphyry. 'The Life of Plotinus' in *Ennead I: Porphyry on Plotinus*, translated by A.H. Armstrong, (London/England: Harvard University Press, first published 1966), 3. 25, p. 11.

[23] Christoph Riedweg. 'Das Origenes-Problem aus der Sicht eines Klassischen Philologen', S. 30.

[24] 參考 Mark Edwards. 'Ammonius, Teacher of Origen', in *Journal of Ecclesiastical History*, p. 174 以及 Theo Kobusch. 'Produktive Rezeption: Zum Platonismus des "christlichen Philosophen" Origenes', S. 61。

意的情況下被保存下來的。當他們忽略了將自己的思想儲存在
更嚴肅的論文中時，他們就不會希望在以後的時代因此類作品
而為人所知。（*The Life of Plotinus*, 20, 49-57）

有關於朗吉努斯在這裡所提到的這位阿摩尼烏斯，馬克‧愛德華斯
提醒我們，作為與漫步學派托勒密的同時代人，阿摩尼烏斯的興盛
年大約是在西元二世紀的最後幾十年裡。[25]我們知道歐利根（大約
西元 183/5-253 年）比普羅丁（西元 204-270 年）年長大約二十歲
左右。而歐利根與阿摩尼烏斯‧撒克斯（Ammonius Saccas，大約
西元 175-242 年）只差九歲，與普羅丁差二十九歲。馬克‧愛德華
斯更進一步大膽地推斷，這位阿摩尼烏斯即是基督徒歐利根的老師
阿摩尼烏斯。他提出的理由有三：一、他與歐利根是同時代人，卻
是歐利根的長輩；二、朗吉努斯提到這位阿摩尼烏斯在哲學研究上
異常勤奮；三、雖然朗吉努斯並沒有告訴我們漫步學派的阿摩尼烏
斯曾在亞歷山大城任教，但大多數被稱為阿摩尼烏斯的人似乎都與
這個名字起源的土地保持著連繫。在第一個與第二個的理由中，清
楚地不是指普羅丁的老師阿摩尼烏斯。因此，從上面引文中馬克‧
愛德華斯大膽地假設，基督徒歐利根的老師阿摩尼烏斯可能就是這
位漫步學派的阿摩尼烏斯（the peripatetic Ammonius）。[26]

---

[25] Mark Edwards. 'Ammonius, Teacher of Origen', p. 179.

[26] Mark Edwards. 'Ammonius, Teacher of Origen', pp. 179-180；Christoph Riedweg 說：「許
多研究人員拒絕追隨優西比烏斯，並假設他將普羅丁的老師與基督教的阿摩尼烏斯混淆
了，或者歐利根的阿摩尼烏斯是朗吉努斯提到的同名漫步主義者。」Christoph Riedweg.
'Das Origenes-Problem aus der Sicht eines Klassischen Philologen' in *Origenes der Chris und
Origenes der Platoniker*, (Tübingen/Deutschland: Mohr Siebeck, 2015), S. 21.

　　以上根據馬克·愛德華斯，我們推論出有兩位阿摩尼烏斯，一位是新柏拉圖主義的創始人阿摩尼烏斯·撒克斯，他是普羅丁的亞歷山大城的老師；另一位是基督教哲學家阿摩尼烏斯，更正確地說，漫步學派者阿摩尼烏斯，這位可能是基督徒歐利根的老師。簡言之，我們有兩位阿摩尼烏斯，一位是新柏拉圖主義的創始人，我們稱他爲新柏拉圖主義的阿摩尼烏斯·撒克斯，另一位我們稱他爲漫步學派的阿摩尼烏斯（the peripatetic Ammonius）。

　　必須注意的是馬克·愛德華斯這樣的論述不是沒有挑戰的。例如：Matthew R. Crawford 在他的一篇論文 'Ammonius of Alexandria, Eusebius of Caesarea and the Origins of Gospels Scholarship' 裡主張只有一位阿摩尼烏斯，他說：

> 我贊同愛德華斯的觀點，即優色比烏斯比我們獲得了更多的資料，特別是關於歐利根的生活和事業，我們應該相信他的報告，除非有充分的理由不這樣做。出於這個原因，我傾向於這樣的觀點：歐利根的老師創作了《四福音合參》（*Diatessaron-Gospel*），無論他是一位漫步學派的還是柏拉圖主義的阿摩尼烏斯，我將在此基礎上繼續前進。[27]

　　以上 Crawford 主張，不論是波菲利的新柏拉圖主義的阿摩尼烏斯，還是優色比烏斯的基督徒阿摩尼烏斯，他們都是相同的一

---

[27] Matthew R. Crawford. 'Ammonius of Alexandria, Eusebius of Caesarea and the Origins of Gospels Scholarship' in New Testament Studies, Vol. 61, issue 01, (Cambridge University Press, 2015): 6.

個人。這點在四世紀後期，耶柔米（Jerome）在他的《論傑出的人物》（*De viris illustribus*）中對阿摩尼烏斯做了簡短的介紹時就已經得出了這一結論。[28]他並進一步指出唯一描述阿摩尼烏斯論述福音書的作品是在優色比烏斯的《致卡毗亞努思的信》（*Letter to Carpianus*）。[29]

除此之外，Crawford 還進一步主張歐利根的老師創作了《四福音合參》，即他認為對觀福音（synoptic Gospels）早在西元二世紀晚期或者西元三世紀早期就已經出現了，這點比大家認為它是出現在十八世紀時早很多。[30]他說：

> 在這方面，兩位富有創新精神的早期基督教作家的貢獻常常被忽視，他們是亞歷山大城的阿摩尼烏斯和凱撒利亞的優色比烏斯，他們開創了對四部正典福音書之間相互關係的研究。[31]

也就是說，Crawford 認為四福音書的相互對照一起參考是由阿摩尼烏斯與優色比烏斯所首先創建。

對於 Crawford 的主張，馬克・愛德華斯的推測是，優色比烏斯將教導歐利根的阿摩尼烏斯與一位基督教學者和釋經家相提並論，後者編撰了早期的對觀福音（early synopsis of the

---

[28] Ibid., p. 3.

[29] Ibid.

[30] Ibid., pp. 1-2.

[31] Ibid., p. 2.

gospels）。**32**馬克‧愛德華斯的這個主張得到 Elizabeth Digeser 的呼應，她說：「這並不意味著這位基督教註釋家就是波菲利所指的阿摩尼烏斯。即使確定波菲利和優色比烏斯向我們提供了關於同一個人的相互矛盾的信息，我們也不能確定這個人就是普羅丁的老師阿摩尼烏斯‧薩卡斯。」**33**因此，馬克‧愛德華斯做出了這個斷言：「也許我們沒有被迫在波菲利的阿摩尼烏斯和優西比烏斯的阿摩尼烏斯之間做出選擇，但在漫步學派的阿摩尼烏斯和阿摩尼烏斯‧薩卡斯之間的選擇是強制性的。」**34**

雖然有些學者主張有兩位歐利根，但是他們卻認爲這兩位歐利根的老師是受同一位最著名的普羅丁的導師阿摩尼烏斯的教導：這位阿摩尼烏斯是一位亞歷山大城的柏拉圖主義者。但是從以上我們根據馬克‧愛德華斯的推斷，在歷史上有兩位摩尼烏斯，他們分別是基督徒歐利根的老師——他是基督徒阿摩尼烏斯，即漫步學派的阿摩尼烏斯——以及新柏拉圖主義者普羅丁和歐利根的老師，他是阿摩尼烏斯‧薩卡斯。這樣我們接下來要討論兩位歐利根，一位是基督徒歐利根，另一位是新柏拉圖主義者歐利根。

▍貳‧兩位歐利根

是否基督徒歐利根和與他同名的那位亞歷山大城的柏拉圖

---

32 Mark Edwards. 'One Origen or Two? The Status Questionis' in *Symbolae Osloenses*, Vol. 89, No. I, (Routledge Taylos &Francis Group, 2015): 84.

33 Ibid.

34 Mark Edwards. 'One Origen or Two? The Status Questionis' in *Symbolae Osloenses*, Vol. 89, No. I, (Routledge Taylos &Francis Group, 2015): 85.

主義者是相同的一個人，關於這個問題，馬克・愛德華斯指出自
Pierre-Daneil Huet 在 1667 年試圖將它解惑那時開始，它就已經成
爲一個聲名狼藉的難題。[35] 在這裡我們試圖在這個艱難的工作中將
它釐清。

一

　　在第二章當我們談論到歐利根的生平時我們引述了優色比烏斯
的《教會史》第六卷裡歐利根對自己所遭遇到的「亞歷山大城的風
暴」爲自己所做的辯護，在那裡他說：

當我們熟練的好名聲正在各地傳開著時，有時異教徒接近我，
有時那些熟悉希臘知識，尤其是哲學的人接近我，我認為檢查
異教徒的觀點以及哲學家關於真理的主張是正確的。在這樣做
時，我們以潘他努斯（Pantaenus）作為榜樣，他在我們之前
提供給許多人幫助，並在這些事情上取得了不小的成就，還有
赫拉克拉斯（Heraclas），現在他在亞歷山大城人的長老會中
占有一席之地，我發現他與擁有哲學知識的老師在一起（*παρὰ
τῷ διδασκάλῳ τῶν φιλοσόφων μαθημάτων*），在我開始聽他的
演講之前，他已經和他在一起五年了。儘管之前他穿著普通的
衣服，由於他的老師的緣故，他將它丟棄了，並穿上了哲學家
的長袍，直到今日他仍然保留著這樣的裝束，同時盡可能不間

---

35 Mark Edwards. 'One Origen or Two? The Status Questionis' in *Symbolae Osloenses*, Vol. 89, No. I, (Routledge Taylos &Francis Group, 2015): 81.

斷地研究希臘書籍。**36**

這裡基督徒歐利根這位哲學老師並沒有說是誰，但是可以推測他是
阿摩尼烏斯，且歐利根在那裡認識了赫拉克拉斯，他在亞歷山大
城主教德米特里斯過世之後繼承了他的位置成為亞歷山大城的主
教。**37** 顯然地，他們的老師──如優色比烏斯在《教會史》VI, xix,,
10 裡告訴我們的那樣──是基督教哲學家阿摩尼烏斯，終其一身
都被認為是一位基督徒，並沒有離開過他的信仰。**38** 但是必須注意
的是在他的《教會史》VI, xix, 6 裡，他記載了波菲利的反基督徒
的言論，在那裡波菲利說在他那個時代中阿摩尼烏斯是一位接受父
母的基督教教育的一個基督徒家庭裡長大的基督徒，且是在亞歷山
大城裡一位最重要的哲學家，可是當他長大接受了哲學教育之後，
他就改變了他的生活方式而接受世俗的法律的約束。**39** 優色比烏斯
在《教會史》中這兩個不同的段落裡所論及的阿摩尼烏斯是相同的
阿摩尼烏斯嗎？

　　另外，優色比烏斯在《教會史》VI, xix, 3 裡也告訴我們，波

---

36 Eusebius. *Ecclesiastical History*, translation by J. E. L. Oulton, Vol. II, Bk. VI, xix, 12-14, pp. 61-62.

37 Eusebius. *Ecclesiastical History*, translation by J. E. L. Oulton, Vol. II, Bk. VI, xxvi, 1, p. 79；Ilaria L.E. Ramelli 認為這位哲學知識的老師是指普羅丁的老師阿摩尼烏斯‧薩卡斯。Ilaria L.E. Ramelli. 'Origen, Patristic Philosophy, and Christian Platonism Re-Thinking the Christianisation of Hellenism' in *Vigiliae Christianae*, Vol. 63, No. 3 (2009): 219.

38 Eusebius. *Ecclesiastical History*, translation by J. E. L. Oulton, Vol. II, Bk. VI, xix, 10，p. 61. 參考 Christoph Riedweg. 'Das Origenes-Problem aus der Sicht eines Klassischen Philologen', S. 21。

39 Eusebius. *Ecclesiastical History*, translation by J. E. L. Oulton, Vol. II, Bk. VI, xix, 6, p. 59.

菲利對基督徒充滿敵意，在缺乏論證之下轉向對基督宗教的釋經家加以毀謗，尤其針對歐利根，在某些時候指控他是一位基督徒之外，在另一些時候描述他對哲學研究的奉獻。[40] 顯然地，波菲利這裡指的歐利根是基督徒歐利根。但是在他《普羅丁的生平》中，他記載了郎吉努斯把新柏拉圖主義者分為兩類，在第二類中他稱歐利根是一位新柏拉圖主義者，並且有一部著作《論神靈》（$\Pi\epsilon\rho\grave{\iota}\ \tau\tilde{\omega}\nu$ $\delta\alpha\iota\mu\acute{o}\nu\omega\nu$）。他說：

> 第二類的柏拉圖主義者有阿摩尼烏斯與歐利根，我經常與他們學習很長一段時間，他們的智慧遠超同時代人，還有雅典的繼承者 Theodotus 與 Eubulus。這些人之中有的確實寫了一些作品，例如：歐利根著有《論眾靈》（*On the Spirits*），Eubulus 寫了《〈論菲萊布斯〉和〈高爾吉爾〉，以及亞里士多德對柏拉圖〈理想國〉的反對》（*On the Philebus and the Gorgias and Aristotles's objections to Plato's Republic*）；但這些還不足以證明我們將他們算作在哲學方面有大量著作的人。（*The Life of Plotinus*, 20, 35-45, pp. 57-59）

這裡郎吉努斯告訴我們他跟隨阿摩尼烏斯與歐利根學習了漫長的一段時間，且這位歐利根並沒有生產大量的哲學著作。這點明顯是與基督徒歐利根相反。在《普羅丁的生平》中，波菲利更告訴我們，普羅丁卻稱郎吉努斯是一位學者（$\varphi\iota\lambda\acute{o}\lambda o\gamma o\varsigma$），不稱他是一位哲

---

[40] Eusebius. *Ecclesiastical History*, translation by J. E. L. Oulton, Vol. II, Bk. VI, xix, 3, p. 57.

學家。所以當歐利根聆聽他的演說時，郎吉努斯面紅耳赤，並想要
停止他的演講，儘管受到歐利根的鼓勵，他後來也就簡短地結束他
的演說。[41] 波菲利說：

> 有一次，歐利根來參加學校的一場會議時，他（指郎吉努斯，
> 筆者註）感到十分的尷尬，想要停止他的演講，當歐利根催
> 促他繼續講課時，他（指郎吉努斯，筆者註）說：「當一個
> 人看到聽眾已經知道自己要講什麼時，就會挫傷一個人演講的
> 熱情」；他演講了一小段時間之後，他就結束了這場會議。
> （*The Life of Plotinus*, 14, 20-25, pp. 41-43）

從以上這個線索裡，顯然普羅丁這裡所指的歐利根是一位哲學家，
並不是一位基督徒。由於歐利根是一位哲學家的緣故，當他出現在
郎吉努斯的演講場合時，使得郎吉努斯有在專家面前搬門弄斧的感
覺而顯得十分尷尬，只得盡速結束自己的演說。這裡這位歐利根，
是否與優色比烏斯在《教會史》xix, 2-3 裡告訴我們，波菲利在反
基督徒的書籍中毀謗與中傷那些《聖經》的釋經家，尤其針對歐利
根進行嚴重的攻擊，是相同的一個人呢？顯然地，波菲利在這裡指
的歐利根確實是一位基督徒，而他在《普羅丁的生平》中所指的歐
利根確實是一位哲學家，所以波菲利在兩部不同作品裡所說的歐利
根是否是相同的一位歐利根呢？

---

[41] Porphyry. 'The Life of Plotinus' in *Ennead I: Porphyry on Plotinus*, translated by A.H. Arm-
strong, 14, 20-25, pp. 41-43.

　　許多的學者，例如：Ilaria Ramelli，把優色比烏斯的基督徒歐利根與波菲利的新柏拉圖主義者的歐利根視爲是同一位歐利根，其中一個重要的理由是，這些學者把基督徒阿摩尼烏斯視爲是與新柏拉圖主義創始者的阿摩尼烏斯爲相同的一個人，另一個理由是，他們也把基督徒歐利根理解爲一位出生在埃及亞歷山大城接受希臘教育的希臘人，而不是一位出生在埃及亞歷山大城在血統上是埃及人，但從小在基督教家庭裡長大並接受希臘教育因此而被視爲是希臘人的埃及人。當然，他們會把歐利根視爲是在亞歷山大城裡出生的希臘人的理由是，根據優色比烏斯在《教會史》xix, 7 裡告訴我們，波菲利在反基督徒中尤其針對歐利根，並說他是出生在亞歷山大城裡出生受過希臘教育的希臘人。事實上，這裡我們也必須釐清，波菲利這裡的歐利根是否是與他在《普羅丁的生平》裡所說的歐利根是相同的一個人，這點似乎學者沒有仔細的考慮與探討。如果以上這兩點學術界沒有共識，Ilaria Ramelli 在她的這篇論文 ‘Origen and the Platonic Tradition’ 以普羅克洛（Proclus，大約西元 412-485 年）對柏拉圖著作的評論來批評馬克‧愛德華斯的論述也同樣缺乏證據確鑿，這就正如在上面 Peter Gemeinhardt 所說「我們不止一次認爲所有的爭論早已交換過；可是，始終卻沒有出現一個明確的答案」的那樣。但我相信學者與讀者在完整的與充分的理解波菲利與優色比烏斯爲我們所製造的這些紛擾之後，對於是否有兩位歐利根以及兩位阿摩尼烏斯這個長久以來無法解決的爭議自然的會形成自己的觀點，在這兩者之間選擇其一來理解歐利根的哲學神學與閱讀他的著作。

二

爲了更進一步說明兩位歐利根的可能性，現在我們可以依據波菲利與優色比烏斯的作品按照時間順序做一個說明。一個最明顯的時間順序可以確定波菲利的新柏拉圖主義者歐利根與優色比烏斯的基督徒歐利根是兩位不同的人物，因爲在波菲利的《普羅丁的生平》中，波菲利記載如下：

> 歐利根追隨他（即阿摩尼烏斯，筆者註）的腳步。但他除了《論眾靈》（*On the Spirits*）的論文以及加利恩努斯（Galli-enus，西元218至268年）統治時期的《國王是唯一的創造者》（*That the King is the Only Maker*）之外，他什麼也沒有寫下。（*The Life of Plotinus*, 3, 29-32, p. 11）

羅馬皇帝加利恩努斯在位年是在西元 260 年至西元 268 年，即當他當上羅馬皇帝時，清楚地優色比烏斯的基督徒歐利根（大約西元 183 年至西元 253 年）已經離世了。除非如馬克·愛德華斯在他的論文裡所指出 Böhm 的觀察那樣，「不是從他唯一任期開始算起，而是從他於西元 253 年與父親瓦勒良（Valerian，大約西元 199 年至 260 年）一起加冕並共同執政者算起。波菲利在評論西元 263 年，也就是他到達羅馬的那一年，也是加利恩努斯慶祝他的十週年紀念日（Decennalia）時所採用的計算方式。這意味著西元 253 年被認爲是他即位的年分：從該事件到歐利根去世之間有足夠的時間

來撰寫論文，該論文的日期通常為西元 254 年。」[42]

對於這樣的一個觀察，馬克・愛德華斯並不贊成，因為這等於承認只有一位歐利根。馬克・愛德華斯的觀點有以下兩點：

（一）優色比烏斯在他的《教會史》第七卷中寫道，加盧斯皇帝（Emperor Gallus[43]，大約西元 206 年至 253 年）接替了德西烏斯（Decius，大約西元 201 年至 251 年 [44]），事實上，歐利根已經在這個時間裡去世了，他活不到七十歲。實際上，加盧斯皇帝是在西元 253 年去世。[45] 這點 Christoph Riedweg 與馬克・愛德華斯的觀點不同，Riedweg 認為如果我們接受優色比烏斯在他的《教會史》VII 中關於歐利根的死亡的日期的信息的正確性的話，那麼我們也必須假設《國王是唯一的創造者》是一部古代的作品，這部作品是歐利根在加盧斯皇帝統治時期完成後不久，他就過世了。[46] 另外，

---

[42] Mark Edwards. 'One Origen or Two? The Status Questionis' in *Symbolae Osloenses*, Vol. 89, No. I, (Routledge Taylos &Francis Group, 2015): 86.

[43] 西元 251 年 6 月，德西烏斯（Decius）和他的兒子在與哥德人的戰鬥中陣亡，戰敗的羅馬軍隊選擇加盧斯為皇帝。他是義大利人，他曾擔任元老、執政官（consul），並從 250 年起擔任上莫西亞總督（Upper Moesia），在德西烏斯的多瑙河戰爭中發揮了領導作用。據說加盧斯為哥德人設下陷阱，使德西烏斯在這個陷阱中被殺。Chris Scarre. *Chronicle of the Roman Emperors – The Reign-By-Reign Record of the Rulers of Imperial Rome* (London/ the UK: Thamos & Hudson, Ltd., 1995), p.170.

[44] 有關於德西烏斯（Decius），參考 J. B. RIVES. 'The Decree of Decius and the Religion of Empire', in *The Journal of Roman Studies* , 1999, Vol. 89 (1999): 135-154。

[45] Mark Edwards. 'One Origen or Two? The Status Questionis' in *Symbolae Osloenses*, Vol. 89, No. I, (Routledge Taylos &Francis Group, 2015): 86.

[46] Christoph Riedweg. 'Das Origenes-Problem aus der Sicht eines Klassischen Philologen' in *Origenes der Chris und Origenes der Platoniker*, (Tübingen/Deutschland: Mohr Siebeck, 2015): 32.

Riedweg 也指出，在波菲利的聲明中，歐利根的創作只有兩部，即《論眾靈》與《國王是唯一的創造者》。這兩部作品的內容是有關於他的老師「阿摩尼烏斯的學說」（'Lehren des Ammonios'）的特定哲學著作，接著之後「他什麼也沒有寫下」。[47]Riedweg 的觀察是，「只有因為這兩部作品，對於一位對柏拉圖感興趣的基督教作家來說，它們的標題很容易想像出來，歐利根才會不再遵守共同的協議，但在其他方面他是自由的。」[48]根據 Riedweg 的判斷，這似乎可能的，即波菲利告訴我們當埃倫紐斯（Erennius）首先不遵守這個承諾之後，歐利根才接著將他在上阿摩尼烏斯的課的時候的上課筆記撰寫成書，內容是描述有關於他的老師的思想，不是他自己的思想。[49]

　　儘管 Riedweg 的判斷看似合理，但這似乎也突顯了一個問題，即從波菲利在這裡提供給我們的訊息，歐利根沒有遵守大家約定好的承諾，這點就顯示了歐利根在品格上的瑕疵了。在優色比烏斯的《教會史》VI, xix, 3 裡，優色比烏斯告訴我們，波菲利對基督徒歐利根的毀謗的其中之一是，他說歐利根有時會說謊。但是我們知道，基督徒歐利根是一位品格十分傑出的基督徒，為了對基督真理與信仰的捍衛，他不僅選擇了去勢，還把他自己的生命獻上。說基督徒歐利根說謊是波菲利對他的毀謗。而這點卻是與新柏拉圖主義者歐利根的品格相似，即他沒有信守承諾。這裡我們或許可以猜

---

[47] Ibid.

[48] Ibid.

[49] 參考 Porphyry. 'Life of Plotinus', in *Ennead I*, translated by A. H. Armstrong, (London/England: Harvard University Press, first published, 1966), p. 11 。

測，波菲利在《普羅丁的生平》裡所描述的歐利根與他在優色比烏斯的《教會史》裡所毀謗的基督徒歐利根不是同一位歐利根，一者是新柏拉圖主義者歐利根，另一者是基督徒歐利根。

（二）在優色比烏斯的《教會史》VI.2.12 中歐利根當時還不到十七歲，當時他的父親雷翁迪伍斯（Leontius）在塞維魯斯（Severus）的逼迫之下於西元 201/2 年殉教。如果這是屬實的話，那麼他在西元 252/3 年的年齡是六十七歲，而不是六十九歲。[50] 馬克‧愛德華斯認為這是有可能的，優色比烏斯為了替歐利根的自我閹割解套，於是誇張了他在受到塞維魯斯的逼迫時的英雄行為，在他年紀輕輕時就有殉教的勇敢行為表現。[51] 在古代，錯誤出生日期比錯誤死亡日期更為常見。因此，更合理的推測是，歐利根於西元 253 年過世，且他只活到六十九歲的話，他的出生年分應是西元 183 年，不是西元 185 年。[52]

馬克‧愛德華斯以上的觀點，Christoph Riedweg 卻一點也不買單。Christoph Riedweg 主張在優色比烏斯的《教會史》VI, I 中說，加盧斯皇帝（在位大約西元 251 年至 253 年）繼德西烏斯（Decius，在位大約西元 249 年至 251 年）之後，在位不到兩年，與他的孩子們一起被殺害。在此期間歐利根已經去世了，他的生命

---

[50] Mark Edwards. 'One Origen or Two? The Status Questionis' in *Symbolae Osloenses*, Vol. 89, No. I, (Routledge Taylos &Francis Group, 2015): 86.

[51] Ibid.

[52] Ibid.

還不到七十歲。[53] Christoph Riedweg 更進一步仔細說明如下：[54]

　　歐利根的這個死亡日期卻與優色比烏斯在《教會史》VI, 2 中的陳述矛盾：在 VI, 2, 2f 中，我們讀到塞普蒂米烏斯・塞維魯斯（Septimius Severus）在位的第十年（西元 193 年 6 月至西元 211 年 2 月 4 日）期間對基督徒的迫害，其中優色比烏斯的歐利根被描述為「根本不是男孩／青少年」，以對殉道和深入研究聖經的非凡渴望而著稱。這指向西元 202/203 年。補充說明也符合 Quintus Maecius Laetus[55] 當時是埃及的長官（西元 200 年至 203 年）。他的父親雷翁迪伍斯本人也在這場迫害中殉道（VI 2, 12）。優色比烏斯在這一點上補充說，雖然歐利根還未滿十七歲，但他和他的母親以及六位弟弟和妹妹一起被留下了。根據這些信息，我們得出大約的出生日期是在西元 185/187 年左右。考慮到 VII 1 中給出的年齡，這將導致歐利根的死亡的時間窗口為西元 254/256 年。

　　對於以上 Christoph Riedweg 的一個主張，Ilaria L.E. Ramelli 的想法卻與他有異曲同工之妙。她說：[56]

---

[53] Christoph Riedweg. 'Das Origenes-Problem aus der Sicht eines Klassischen Philologen', S. 28.

[54] Ibid., S. 28-29.

[55] 他是一位在 Septimius Severus 統治時期的一位羅馬騎士階級的官員。優色比烏斯的《教會史》VI, I 裡提到他，並指出：「當時 Severus 在位第十年，Laetus 是亞歷山大城和埃及其他地區的總督，而 Demetrius 當時剛剛接受了朱利安（Julian）的教會主教職位。」Eusebius. *Ecclesiastical History*, translation by J. E. L. Oulton, Vol. II, Bk. VI, II, 2-3, p. 11.

[56] Ilaria L. E. Ramelli. 'Origen and the Platonic Tradition' in *Religions*, 8, 21, (MDPI: 2017): 8-9.

根據波菲利的說法，《國王是唯一的造物主》是在加利恩努斯（Gallienus）的統治下寫成的，加利恩努斯與瓦勒良（Valerian）在西元 253 至西元 260 年一起統治以及在西元 260 至 268年單獨統治。歐利根（在西元 255/6 年）大概是在西元 253-255/6 年間撰寫出這篇論文。優色比烏斯並沒有說歐利根是在加利恩努斯繼位之前過世的：他含糊的表達「在這時期」（HE 7.1.1）——即在德西烏斯（Decius）離世之後——使得時間會落在大約在西元 255 年，但這並不必然蘊含歐利根是在西元 253 年在加盧斯（Gallus）統治下去世的。優色比烏斯提供了更準確的細節，他說歐利根在西元 202 年塞普蒂米烏斯·塞維魯斯（Septimius Severus）的迫害之時失去了父親，當時他還不到十七歲（HE 6.2.2）：因此，他出生於西元 186 年，在西元 255 年時他六十九歲，去世時「七十歲」——不晚於西元256 年。沒有必要推測優西比烏在塞普蒂米烏斯迫害期間誤報了歐利根的年齡。因此，一個歐利根的假設並不存在按時間順序排列的可能性。

以上清楚的，Ilaria L.E. Ramelli 明確地表達不贊同馬克·愛德華斯的觀點。

▌結語

不論這是對歐利根的生平的研究，還是對他的思想的研究，這都是一件相當困難的事情。他在某些方面是眾所周知，在另一方面卻又充滿神祕，以至於到目前為止，學術界對是否有一個歐利根

或是兩個歐利根都無法將這議題畫上一個句點。我們對基督徒歐利根的生平的掌握是依據凱撒利亞的優色比烏斯的《教會史》的第六卷，在這一卷之中對他一生的記述，除了不僅是早期基督教人物最早的擴展傳記敘述之一，也是現存最全面的歐利根古代傳記敘述之外，更是當今學者的標準傳記。

從以上的論述中，我們知道歐利根不僅生前是一個備受關注的人物，在他死後幾個世紀裡仍然如此。正因爲如此，他的生命故事一直是大家爭論的焦點，他的學生、他的指控者（例如：波菲利）與現代學者都在權衡他的信仰、他的德性、他的影響力和他的心理——例如：他的自我閹割的行爲。由於他自己沒有留下關於自己一生的第一手資料，更何況他的許多著作已被燒毀，他當然就不可能像奧古斯丁那樣留給我們一部深刻的自我反思的《懺悔錄》（*Confessions*），以提供給我們一個完整資料從事學術的研究。這點不僅導致他的思想在不同的紀元中不斷地被曲解，例如：奧古斯丁在《上帝之國》（*City of God*）的許多地方對他進行強烈的抨擊，尤其是在第十一卷，第二十二章中，而且他的出生與死亡的確切時間都有不同的主張。因此，在研究他的生平與他的哲學神學思想時，我們必須留意他的推崇者和批評者（即優色比烏斯與波菲利）承擔了編寫他的傳記敘述的任務，通常是在派系高度分明的背景下進行的，這點在以上的論辯中我們已經知道一些蛛絲馬跡。因此，作爲現在的學者們必須謹慎的評估自己使用的資料的來源，以重建和提升基督宗教的知識分子、教師和長老的生活。

▌參考書目

Crawford, R. Matthew. 'Ammonius of Alexandria, Eusebius of Cae-
sarea and the Origins of Gospels Scholarship' in *New Testament
Studies*, Vol. 61, issue 01, (Cambridge University Press, 2015):
1-29.

Edwards, Mark. 'Ammonius, Teacher of Origen', in *Journal of Ec-
clesiastical History*, Vol. 44, No. 2, (Cambridge University Press,
1993): 169-181.

_____. 'One Origen or Two? The Status Questionis' in *Symbolae
Osloenses*, Vol. 89, No. I, (Routledge Taylos &Francis Group,
2015): 81-103.

Eusebius. *Ecclesiastical History*, translation by J.E. L. Oulton, Vol.
II, London/England: Harvard University Press, 1932.

Gemeinhardt, Peter. 'Origenes simplex vel duplex? Das Origenes-
Problem aus der Sicht eines Kirchengeschichtlers', *Origenes der
Christ und Origenes der Platoniker*, herausgegeben von Balbina
Bäbler und Heinz-Günther Nesselrath, Tübingen/Germany: Mohr
Siebeck, 2018.

Heine, E. Ronald. *Origen – Scholarship in the Service of the Church*,
Oxford/the UK: Oxford University Press, 2010.

Kobusch, Theo. 'Produktive Rezeption: Zum Platonismus des
"christlichen Philosophen" Origenes' in *Origenes der Christ und
Origenes der Platoniker*, herausgegeben von Balbina Bäbler und
Heinz-Günther Nesselrath, Tübingen/Germany: Mohr Siebeck,
2018.

Porphyry. 'The Life of Plotinus' in *Ennead I*, translated by A. H. Armstrong, London/England: Harvard University Press, 1966.

Ramelli, Ilaria L.E. 'Origen, Patristic Philosophy, and Christian Platonism Re-thinking the Christianisation of Hellnism', in *Vigiliae Christianae*, Vol. 63, No. 3, (Brill 2009): 217-263.

_____. 'Origen and the Platonic Tradition' in *Religions*, 8, 21, (MDPI: 2017):1-20.

Rives, J. B. The Decree of Decius and the Religion of Empire, in *The Journal of Roman Studies*, 1999, Vol. 89, (1999):135-154.

Riedweg, Christoph. 'Das Origenes-Problem aus der Sicht eines Klassischen Philologen' in *Origenes der Chris und Origenes der Platoniker*, Tübingen/Deutschland: Mohr Siebeck, 2015.

Scarre, Chris. *Chronicle of the Roman Emperors – The Reign-By-Reign Record of the Rulers of Imperial Rome*, London/the UK: Thamos & Hudson, Ltd., 1995.

St. Epiphanius. The *Panarion of St. Epiphanius*, Bishop of Salamis, selected passages, translated by Philip R. Amidon, S. J., Oxford/New York: Oxford University Press, 1990.

馬克・愛德華斯（Mark Julian Edwards）。《歐利根駁斥柏拉圖》，羅月美譯，臺北：五南出版社，2020 年 5 月。

第四章　歐利根與奧古斯丁

　　在第三章裡，我們談到歐利根可能是在西元 253 年或者在西元
256 年過世，而奧古斯丁大約是在西元 354 年出生，顯然地，他們
是生活在兩個截然不同的教會歷史的世紀中，前者生活在基督徒被
皇帝迫害的紀元裡，後者是生活在一個由基督徒皇帝所統治的世紀
中。儘管如此，我們從歐利根的《論第一原理》中知道，他盡全力
抵禦二元論者馬西安（Marcion）、瓦蘭提努斯（Valentinus）與巴
西里德斯（Basilides）對基督宗教的攻擊，[1] 而奧古斯丁在《懺悔錄》
裡告訴我們，在他遇到了米蘭大主教安波羅修（Ambrose，西元
339 年至西元 397 年）之後，他的生命澈底地翻轉，在皈依於天主
後致力於反摩尼教、反多納主義與反伯拉糾主義。[2] 因此，不論是
歐利根，還是奧古斯丁都面臨著他們的時代對基督宗教的抨擊，而
他們的共同使命是捍衛基督教的真理。但兩者的命運卻截然不同，
歐利根過世之後，他的思想被視為異端，教會試圖把他的著作從教
會的記憶中塗抹掉，導致他的許多著作被燒毀。相反地，奧古斯丁

---

[1]　Origen. *On First Principles*, edited and translated by John Behr, vol. II, 2.7.1, 2.9.4, (Oxford/ The UK: Oxford University Press, 2017), pp. 217, 243.

[2]　克里斯多夫・霍恩（Christoph Horn）著。《奧古斯丁哲學思想導論》，羅月美譯，（臺 北：五南出版社，2021 年 3 月），頁 30-31。

卻成為南非希波的大主教，他的著作幾乎被完整保存下來。

　　歐利根是否如教會所期待那樣，能夠從教會的記憶中塗抹掉呢？即教會的火把是否真的能把歐利根的著作與思想的餘燼完全地燃燒掉了呢？今天我們站在臺灣的地峽中遙望這兩大海峽，呈現在我們眼前的這兩位在教會史上的巨人使我們顯得格外的微不足道。尤其，奧古斯丁的地位正如克里斯多夫·霍恩所描述那樣，「他事實上決定性地影響著西方教會以及西方神學……對歐洲的中世紀而言，奧古斯丁是核心的中介者與古代哲學的詮釋者」[3]。奧古斯丁在歐洲的教會中扮演如此重要與關鍵性的角色，那歐利根是否在他的思想與著作裡留有一個註解處呢？

　　奧古斯丁（西元 354-430 年）與歐利根兩人另一個大相逕庭的地方是，奧古斯丁為自己寫了一部自傳，即《懺悔錄》（*Confessions*）之外，還有由他的朋友蓋勒馬主教玻西底烏斯（Possidius, Bishop of Calama）所寫的《聖奧古斯丁的生平》（*Sancti Augustini Vita*）[4]，因此，今天的讀者能完整地與容易地取得資料來研究他的生平與思想。至於歐利根，正如我們上一章所談論那樣，由於對他的研究的資料十分的稀少，以至於對於他的生平學術界經歷了數世紀之久直到今天仍然無法取得一致的共識。這是可確定的，即亞歷山大城的歐利根對奧古斯丁一無所知，但是歐利根對奧古斯丁而言並不是一位他不熟悉的釋經家。因此，在教會史上他們有令人無

---

[3]　克里斯多夫·霍恩（Christoph Horn）著。《奧古斯丁哲學思想導論》，羅月美譯，（臺北：五南出版社，2021 年 3 月），頁 23。

[4]　參考羅月美。〈譯者導論〉，收錄在克里斯多夫·霍恩（Christoph Horn）著，《奧古斯丁哲學思想導論》，羅月美譯，（臺北：五南出版社，2021 年 3 月），頁 13。

法抗拒的一個誘惑，即歐利根與奧古斯丁在《聖經》的詮釋上的許多交叉點，尤其是在他們對《創世紀》的釋經上。在這一章裡，我們就討論他們《創世紀》的釋經上的交叉點。在進行這個探討之前，首先，這是值得我們去理解，歐利根是如何進入到奧古斯丁的世界裡。因此本章分成以下兩節來進行：第一節，歐利根與米蘭大主教安波羅修；第二節，歐利根與奧古斯丁對《創世紀》第一章第一節的詮釋。

▌ 壹・歐利根與米蘭大主教安波羅修

　　對奧古斯丁思想的研究可以對歐利根的思想一無所知嗎？對這個問題提問，正如我們問，對亞里斯多德哲學的研究可以完全對柏拉圖思想陌生嗎？這是任何研究奧古斯丁或者亞里斯多德的學者要回答的問題，答案也當然是一目了然的。

　　在西元 384 年奧古斯丁升等成爲朝廷的修辭學的講師之後，他從羅馬到達了米蘭，並訪問當時的米蘭大主教安波羅修。[5]在《懺悔錄》裡他描述安波羅修是一位「上帝的人」（*homo dei*），對他十分和藹可親，在眞理的認識上他發現安波羅修比法斯托斯（Faustus）更能幫助他。[6]在聽了安波羅修關於《聖經・舊約》的布道後，

---

[5]　克里斯多夫・霍恩（Christoph Horn）著。《奧古斯丁哲學思想導論》，羅月美譯，（臺北：五南出版社，2021 年 3 月），頁 28。

[6]　Augustine. *Confessions*, with an English translation by William Watt, BK V, xiii, (London/English: Harvard University Press, first published 1912), pp. 255-257.

奧古斯丁發現自己在靈性上受到了一種不可思議的觸動。因此，他說：[7]

> 尤其當我聽到《舊約》中的一兩個難點得到解決之後；我覺得自己過去是被侷限於字面而走入末路。聽了他以靈性的方式對這些卷書的許多地方的詮釋，我後悔我過去的絕望，後悔我過去相信律法（the Law[8]）和先知書（the Prophets[9]）無法對抗那些憎恨和蔑視它們的人。

以上引文中，奧古斯丁告訴我們安波羅修帶領他超越文本中字面的理解，進入隱藏在文字裡的深奧處，使得他終於理解了《摩西五書》與《先知書》。他在《懺悔錄》第六卷，第四節裡說：[10]

7　Augustine. *Confessions*, BK V, xiv, p. 259；本篇論文中的翻譯出自作者本人。

8　律法（或稱摩西律法）和先知書是《聖經·舊約》的兩個主要部分。奧古斯丁這裡指的律法是指由《舊約聖經》的前五本書組成，希伯來語稱為《托拉》（Torah），希臘語稱為《摩西五經》（Pentateuch）。

9　《先知書》由幾本書組成，根據猶太教或基督教傳統分為不同的安排。這些分組包括：(1)《約書亞記》（Joshua）、《士師記》（Judges,）、《撒母耳記上》（I Samuel）和《撒母耳記下》（II Samuel）、《列王紀上》（I Kings）和《列王紀下》（II Kings）；(2)《以賽亞》（Isaiah）、《耶利米》（Jeremiah）和《以西結》（Ezekiel）；(3)《何西阿》（Hosea）、《約珥》（Joel）、《阿摩司》（Amos）、《俄巴底亞》（Obadiah）、《約拿》（Jonah）、《彌迦》（Micah）、《那鴻》（Nahum）、《哈巴谷》（Habakkuk）、《西番雅》（Zephaniah）、《哈該》（Haggai）、《撒迦利亞》（Zechariah）和《瑪拉基》（Malachi）。

10　'*et tamquam regulam diligentissime conmendaret, saepe in popularibus sermonibus suis dicentem Ambrosium laetus audiebam: Littera occidit, spiritus autem vivificat, cum ea, quae ad litteram perversitatem docere videbantur, remoto mystico velamento spiritaliter aperiret*, …' Augustine. *Confessions*, BK VI, iv, p. 279；中文為筆者本人所翻譯。

我很高興聽到安波羅斯在向人們布道時說，彷彿他正在最仔細地闡明解釋的原理：「字句使人死，聖靈使人活」（*Littera occidit, spiritus autem vivificat*）：雖然那些按字面上的意思理解的東西好像教導了錯誤的教義，但他在靈性上向我們敞開了大門，揭開了那奧祕的面紗（*remoto mystico velamento spiritaliter aperiret*）。

首先，這裡我們知道，這是安波羅修教導奧古斯丁去認識《聖經》中的文本包含著許多超出人類理性可理解的內容，但更重要的是，他教導奧古斯丁要盡可能地闡明它們的奧祕。其次，安波羅修引述《新約・哥林多後書》第三章，第六節裡的這段經文「字句使人死，聖靈使人活」（*Littera occidit, spiritus autem vivificat*）向奧古斯丁闡釋那是「揭開了那奧祕的面紗」（*remoto mystico velamento*）。Michael Cameron 認爲這正是歐利根的思想透過安波羅修影響到奧古斯丁之處。他指出安波羅修閱讀歐利根的希臘文著作，且從中掌握到如何使用《新約・哥林多後書》第三章，第六節裡的那段經文去「揭開了那奧祕的面紗」以便作爲詮釋學的定理。[11]因此，他的布道充斥著許多歐利根對《聖經》的詮釋，而奧古斯丁就是透過安波羅修的布道在潛移默化中除了認識了歐利根的思想

---

[11] Michael Cameron. 'Origen and Augustine' in *The Oxford Handbook of Origen*, edited by Ronald E. Heine, Karen Jo Torjesen, (Oxford/the UK: Oxford University Press, 2022): 463；R. H. Malden 指出，安波羅修作為一位亞歷山大城學院（the Alexandrine School）的學生對斐羅（Philo）與歐利根的思想相當的熟悉，並在他的作品裡有三次提到歐利根的名字，一次提到斐羅的名字。R. H. Malden. 'St. Ambrose As an Interpreter of Holy Scripture' in *The Journal of Theological Studies*, Vol. 16, No. 64, (July, 1915): 518.

之外，更爲他以靈性的方式來接受「柏拉圖主義者之著作」做準備。[12]因此，這一點也並不令人感到意外，Ramelli 對奧古斯丁做出這樣的評價：「奧古斯丁實際上接受了歐利根的大部分體系，就在奧古斯丁確信他不了解歐利根的思想時，他特別是在反對摩尼教二元論的爭論中使用了這一體系。」[13]

　　有關於 Ramelli 對奧古斯丁所做出以上的評價，Györgz Heidl 提出以下可能的理由解釋爲何在他的《懺悔錄》裡沒有提到他與歐利根的書籍相遇的經驗：首先，在《懺悔錄》中沒有在任何一個地方提到奧古斯丁曾經讀過任何基督教的書籍。此外，與奧古斯丁在米蘭讀過的書的名字相關的兩個人——曼利烏斯·狄奧多魯斯（Manlius Theodorus）和塞爾西努斯（Celsinus）——也確實沒有出現在《懺悔錄》的任何一個頁面中。[14]其次，根據《懺悔錄》，他與辛普里西安茲（Simplicianus[15]）談話時是在他三十一歲時，他們談話的主題只不過是對維多里努茲（Victorinus[16]）皈依的詳細敘述。然而，《論上帝之國》（De civitate dei）裡，奧古斯丁告訴

---

[12] 參考羅月美。〈譯者導論〉，收錄在克里斯多夫·霍恩（Christoph Horn）著，《奧古斯丁哲學思想導論》，羅月美譯，（臺北：五南出版社，2021 年 3 月），頁 10。

[13] Ilaria L.E. Ramelli. 'Origen in Augustine: A Paradoxical Reception' in *Numen*, Vol. 60, No.2/3 (2013): 281.

[14] György Heidl. *The Influence of Origen on the Young Augustine: A Chapter of the History of Origenism*, (The US: Gorgias Press, 2009), p. 63

[15] 辛普里西安茲於西元 397 年至西元 400 年成為米蘭的主教。Augustine. *City of God*, with an English translation by David S. Wiesen, BK X, xix, (London/England: Harvard University Press, first published 1968), p. 393.

[16] 他是西元四世紀的新柏拉圖哲學家、修辭學家和語法學家，後來皈依了基督教成為基督徒。

我們：[17]

> 正如那位後來就任米蘭教會主教的聖人辛普里西安茲（Simpli-
> cianus）經常告訴我們的那樣，某個柏拉圖主義者曾經說過，
> 這些話應該刻在金字上，並在每個教堂的顯著位置以最顯眼的
> 方式展示出來。

這裡奧古斯丁所說的某位柏拉圖主義者是否為維多里努茲呢？這點
我們就不得而知，但很明確的是他是指一位成為基督徒的新柏拉
圖主義者，當時在米蘭受過教育的基督徒普遍上都是新柏拉圖主
義者。[18]

　　第三、歐利根主義的爭議（Origenist controversy）於西元 393
年下半年在巴勒斯坦興起，並在奧古斯丁撰寫《懺悔錄》的那幾年
傳到了拉丁西方。最晚在西元 397 年，羅馬的基督徒得知這場爭
議，因為當時歐利根的崇拜者盧非努斯（Rufinus）從耶路撒冷返
回，而反對派陣營的修士文森提烏茲（Vincentius）也抵達羅馬。[19]
盧非努斯回國後於西元 398 年翻譯歐利根的《論第一原理》，並為
他所翻譯的這部書寫了一個序，而他所寫的這個序卻激怒了耶柔米

---

[17] Augustine. *City of God*, with an English translation by David S. Wiesen, BK X, xix, p. 393. Cf. György Heidl. *The Influence of Origen on the Young Augustine*: *A Chapter of the History of Origenism*, (The US: Gorgias Press, 2009), pp. 63-64.

[18] Augustine. *City of God*, with an English translation by David S. Wiesen, BK X, xix, footnote 3.

[19] György Heidl. *The Influence of Origen on the Young Augustine*: *A Chapter of the History of Origenism*, p. 65.

（Jerome[20]），因為耶柔米於西元 397 年時寫了他的第一部反歐利
根主義的著作《駁斥約翰》（*Contra Iohannem*）。[21] 他說：[22]

---

[20] 根據 Margreat A. Schatkin，耶柔米不僅熟悉歐利根的作品以及為他自己的圖書館收藏了
大量歐利根的著作，並且他還可能讀過著名的歐利根全集目錄——可能是由 Pamphilus
目錄的翻譯——中列出的所有著作。他翻譯（並刪節）了歐利根七十多篇講道和一些聖
保羅書信的註釋。當歐利根爭議於西元 394 年爆發時，他停止翻譯歐利根的作品，但繼
續在他對《耶利米書》（Jeremiah）最後一次不完整的解釋中閱讀和利用歐利根的思想。
身為一名釋經家，他不僅密切關注歐利根，還檢查歐利根對每一節經文的觀點。他在沒
有註解出處之下再現歐利根的觀點，或者簡單地稱歐利根為「寓意的解釋者」（*allegori-
cus interpres*）。Margreat A. Schatkin. 'The Influence of Origen upon St. Jerome's Commen-
tary on Galatians' in *Vigiliae Christianae* 23 (1970): 50；Margreat A. Schatkin 在他的這篇
文章的結論中說：「考察歐利根對耶柔米《加拉太書註釋》的影響已經取得了積極的結
果。在序言和第一～二封書信中，耶柔米明確而強調地承認他對歐利根的感激之情。歐
利根的影響可以從《加拉太書》的希臘文本和《聖經六版並排》（*Hexapla*）的引用中得
到證明。」Margreat A. Schatkin. 'The Influence of Origen upon St. Jerome's Commentary on
Galatians' in *Vigiliae Christianae* 23 (1970): 58；從以上 Margreat A. Schatkin 的論文裡——
如果他的研究是正確的話——可以推論出耶柔米不僅竊取了歐利根的觀點，且同時也攻
擊歐利根的思想。更多有關歐利根被耶柔米誣告，請參考馬克·愛德華斯著的《歐利根
駁斥柏拉圖》的導論，尤其在第 4-5 頁。

[21] György Heidl. *The Influence of Origen on the Young Augustine: A Chapter of the History of Ori-
genism*, p. 65.

[22] '*et recede ab haeresi Origenis, et a cunctis haeresibus, dilectissime. Et infra: Propter defen-
sionem haereseos adversum me odia suscitantes rumpitis charitatem, quam in vobis habui: in-
tantum, ut faceretis nos etiam poenitere quare vobis communicaverimus, ita Origenis errores et
dogmata defendentibus.*' Jerome. *Contra Iohannem*. http://www.thelatinlibrary.com/jerome/con-
traioannem.html，檢索日期：2023 年 8 月 21 日。奧古斯丁於西元 388 年返回非洲希波，
並於西元 391 年授命長老，於西元 395 年成為希波的主教。他的《懺悔錄》也大概是在
這時期開始撰寫。他的早期第一部作品《論美與合適》（*De Pulchro et Apto*）已經失傳。
他的早期作品有《懺悔錄》、《獨語錄》（*Soliloquia*）、《論教師》（*De Magistro*）、
《論自由意志》（*De Libero Arbitrio*）、《論真正的宗教》（*De Vera Religione*）、《論
信仰的有效性》（*De Utilitate Credendi*）、《論善的本性》（*De Natura Boni*）、《論信
仰與教條》（*De Fide et Symbolo*）與《論致辛普里西安茲之各式的問題》（*De Diversis
Quaestionibus ad Simplicianum*）。參考 Augustine. *Augustine Earlier Writings*, edited and

遠離歐利根的異端，遠離所有的異端，親愛的。由於對異教徒的辯護，對我產生仇恨，你破壞了我對你的仁慈；同時，你會讓我們也後悔為什麼我們與你交流，從而捍衛了歐利根的錯誤與學說。

György Heidl 告訴我們，耶柔米不僅反對歐利根主義以及涉及到對盧非努斯的攻擊，且還對同一部歐利根的作品進行了文字上的直譯以便指出他的朋友盧非努斯在翻譯上所犯上的錯誤。對於耶柔米的攻擊與批評，盧非努斯卻聲稱在耶柔米圈子中那位來自克雷莫納的修士優色比烏斯（Eusebius of Cremona[23]）所獲得與傳播的譯本不是他的真實的譯本。[24] 奧古斯丁得知了羅馬和米蘭發生的事件。在大約西元 394 或西元 395 年他在寫給耶柔米的一封信中，提到了一個令人悲傷的事實，即像耶柔米和盧非努斯這樣的基督教友誼可能會變成敵意。[25] 對於此，Ramelli 也主張，奧古斯丁用歐利根的思想來捍衛基督教正統，反對摩尼教的「異端」，而後來，當他從歷史學家、神學家霍羅修茲（Horosius）和博學家耶柔米那裡得知歐利根的思想後，他開始發現歐利根的思想是異端，尤其在他的《上帝之國》中多次譴責歐利根，特別是他的救贖學說（doctrine of

---

translated by J.H.S. Burleigh (Louisville/Kentucky: Westminster John Knox Press, 2006)。

[23] 克雷莫納是位在義大利北部的一個城市，是世界上有名的小提琴起源之地。

[24] György Heidl. *The Influence of Origen on the Young Augustine*: *A Chapter of the History of Origenism*, p. 65.

[25] György Heidl. *The Influence of Origen on the Young Augustine*: *A Chapter of the History of Origenism*, p. 65；參考 Augustine. Epistle 28: From Augustine to Jerome；https://www.newadvent.org/fathers/1102028.htm，檢索日期：2023 年 8 月 21 日。

apokatastasis）。[26]

有關於救贖學說，奧古斯丁在他的《上帝之國》裡是這樣指控歐利根：

> 我看到現在是時候對付心懷溫柔的基督徒，並以友好的精神與他們爭論了。他們要麼拒絕相信，對於那些被正義的法官判定值得下地獄的人來說，懲罰將是永恆的，要麼是對某些特定的人進行懲罰。因為他們認為，經過一段時間後，他們應該從地獄中解脫出來，這段時間的長短取決於每個人罪孽的多少。在這件事上，歐利根實際上更加仁慈，他相信魔鬼也是如此，並與聖天使連繫在一起，在他應得的更嚴厲和長期持續的懲罰之後。但教會正確地譴責了他的這種觀點，以及許多其他觀點——尤其是幸福和不幸不斷交替的時期，以及以固定的時間間隔從一種狀態到另一種狀態永遠無盡的旅程的概念。（Augustine. *City of God*, XXI, xvii, p.93）

對於歐利根被奧古斯丁這樣的一個指控，Ramelli 為歐利根辯護，

---

[26] Ilaria L. E. Ramelli. 'Origen in Augustine: A Paradoxical Reception' in *Numen*, Vol. 60, No. 2/3, (2013): 282；參考羅月美。〈譯者導論〉，收錄在克里斯多夫‧霍恩（Christoph Horn）著，《奧古斯丁哲學思想導論》，羅月美譯，（臺北：五南出版社，2021 年 3 月），頁 11-13。根據 Ramelli，奧古斯丁從西元 397 年耶柔米和盧非努斯的爭論以及西元 414 年諮詢霍羅修茲了解了歐利根的末世論（eschatological theories）。大約十年後，他讀到了歐利根關於《創世紀的講道》的翻譯，可能還有他的《論第一原理》。無論他讀的是盧非努斯的譯本還是耶柔米的譯本，這兩個譯本都會有很大的差異。Ilaria L. E. Ramelli. 'Origen in Augustine: A Paradoxical Reception' in *Numen*, Vol. 60, No. 2/3, (2013): 293, footnote 25.

她指出奧古斯丁的希臘文太差以至於把「永世」（‘αἰώνιος’）
與「永恆」（‘ἀΐδιος’）這兩個希臘詞誤解了，因爲奧古斯丁將
《聖經》裡說的‘πῦρ ἀΐδιος’視爲與拉丁文的‘ignis aeternus’等
同。[27] Ramelli 說：

> 對於歐利根來說，拉丁文中由 ignis aeternus 翻譯的「永恆的
> 火」（‘eternal fire’）根本不應該被視爲永恆（eternal）。事
> 實上，與歐利根不同，Horosius 和奧古斯丁都沒有意識到《聖
> 經》中所說的「永恆的火」（它不是‘πῦρ ἀΐδιος’）並不存
> 在；拉丁文甚至將‘αἰώνιος’和‘ἀΐδιος’一律翻譯爲拉丁文的
> ‘aeternus’（eternal），並將它們的混亂給放大了。這種語言學
> 上的誤解也可能導致了對救贖學說的譴責，該學說意味著在
> 另一個世界的火的非永恆性（the non-eternity of other worldly
> fire）。由於這種火被認爲淨化，因此人們認爲，一旦罪人完
> 全地淨化了他們的邪惡，它就會停止焚燒。[28]

以上引文，我們可以從兩個角度來看。首先，我們先從 Ra-
melli 的主張來看，她指出：「在《聖經》中，只有來世的生
命才被稱爲‘ἀΐδιος’，即絕對意義上的『永恆』（eternal），而
對人類施加在另一個世界的懲罰、死亡和火被描述爲『永世』

---

[27] Ilaria L.E. Ramelli. 'Origen in Augustine: A Paradoxical Reception' in *Numen*, Vol. 60, No. 2/3, (2013): 284.

[28] Ilaria L.E. Ramelli. 'Origen in Augustine: A Paradoxical Reception' in *Numen*, Vol. 60, No. 2/3, (2013): 284.

（'αἰώνιος'），而不是『永恆』（'ἀΐδιος'）。'αἰώνιος' 僅在柏拉圖技術哲學詞彙中表示『永恆』，其中的意涵是『非時間性的』，而在《聖經》與相關文獻中，它指的是『在另一個世界』、『遙不可及的過去或未來』、『長久的』等等。在《聖經》中，由於上帝的內在的永恆性（intrinsic eternity），『永世』（'αἰώνιος'）僅僅是在指上帝或直接屬於上帝的事物時才含有『永恆』的意義。與生命不同，懲罰、死亡和火在《聖經》中從來不被稱為『永恆』（'ἀΐδιος'），而只被稱為『永世』（'αἰώνιος'），這意思是說，它們是『在另一個世界』的懲罰、死亡和火，而不是絕對意義下的『永恆』。」[29] 所以，拉丁文毫無差別地把這兩個希臘詞都翻譯為 'aeternus' 確實是一個問題。

其次，我們從另一個角度來看 Ramelli 對這兩個詞的詮釋。希臘文的 'αἰώνιος'（always）與 'ἀΐδιος'（eternal）之間的差異是，前者是指英文的 'always'（「總是」），但它不含有在時間上無限地延長的概念。只有後者才是永恆或永遠的意思。例如：在中文裡「我總是愛你」與「我永遠愛你」，這兩句話在語言學上的意思明顯是不一樣的。因為「總是」是在一定的時間限定內，即在未來的某一個點它會結束；而「永遠」是指無限期地延伸過去與未來，它既沒有開始也不會有結束，它才是永恆。而奧古斯丁因對希臘文陌生，在閱讀拉丁文的翻譯時，將它們給搞錯而誤解了歐利根的思想，並把他視為異端。所以，馬克·愛德華斯說：「沒有哲學

---

[29] Ilaria L. E. Ramelli. 'Origen in Augustine: A Paradoxical Reception' in *Numen*, Vol. 60, No. 2/3, (2013): 285.

知識歐利根無法被討論，沒有希臘文的知識，歐利根同樣不能被討論」[30]，而奧古斯丁就是在缺乏後者之下將歐利根視爲異端。與此同時，奧古斯丁也在這種情況之下，在《上帝之國》第十一卷，第二十三節裡不僅直指歐利根的《論第一原理[31]》（*Peri Archôn*）的錯誤，更強調歐利根的學說應被譴責。

Alexandra Pârvan 在他的論文的註三裡同意一些學者的研究，

---

[30] 馬克·愛德華斯（Mark Julian Edwards）著。《歐利根駁斥柏拉圖》，羅月美譯，（臺北：五南出版社，2020 年 5 月），頁 15。

[31] 學者一般上認為歐利根的《論第一原理》大約是在西元 220 年至 231 年在他離開亞歷山大城前往凱撒利亞之前所完成的作品。參考 Ronald E. Heine. *Origen: Scholarship in the Service of the Church*, (Oxford/the UK: Oxford University Press, 2010), p. 105；在歐利根去世的一百五十年後，《論第一原理》中的許多教義在教會中受到攻擊。第一位攻擊這部作品的人是在四世紀時期的一位伯特拉大主教梅都地伍斯（Methodius, bishop of Patara）。接著是薩拉米斯大主教伊皮凡尼武斯（Epiphanius, bishop of Salamis）。雖然他對歐利根的攻擊的主要資料來源是出自於梅都地伍斯，但他在攻擊歐利根的力道上卻超越了梅都地伍斯。他攻擊歐利根關於神子的本質以及神子與父神的關係學說。伊皮凡尼武斯晚年時將這場戰役帶往到捍衛歐利根神學的據點巴勒斯坦（Palestine）。在那裡他遇到了兩位朋友，一位是負責監督耶路撒冷的一座修道院的盧非努斯，另一位是監督伯利恆的一座修道院耶柔米。這兩人都是歐利根的崇拜者，只是耶柔米屈服於伊皮凡尼武斯對歐利根的攻擊，但是盧非努斯不願意屈服於伊皮凡尼武斯加諸給他的意志。Ronald E. Heine. 'Origen' in *The Routledge Companion to Early Christian Thought*, edited by D. Jeffrey Bingham, (New York/the US: Routledge, 2010), p. 195；根據 Ramelli，耶柔米先於奧古斯丁從西元 414 年起開始與伯拉糾主義（Pelagianism）做鬥爭，以及接受原罪的傳承，儘管他拒絕遺傳論（traducianism）。他堅持認為，「新異端」從歐利根那裡汲取了許多教義，在崇拜歐利根多年後，他對歐利根並無敵意。他抱怨說，歐利根主義和伯拉糾主義這兩種「異端」都深受女性歡迎。Ramelli 認為耶柔米把歐利根的觀點與伯拉糾主義結合起來是方便了奧古斯丁對歐利根思想的譴責，她認為歐利根的思想不應被視為與伯拉糾主義雷同，因為那是對歐利根的思想的極大誤解。I. L. E. Ramelli. 'Origen in Augustine: A Paradoxical Reception' in *Numen* Vol. 60, (2013): 289-299 and footnote 22；有關於伯拉糾主義，請參考克里斯多夫·霍恩（Christoph Horn）著，《奧古斯丁哲學思想導論》，頁 31-32。

認爲奧古斯丁或者透過耶柔米的翻譯或者透過耶柔米與盧非努斯的翻譯知道歐利根的《論第一原理[32]》，[33]因此，奧古斯丁在《上帝之國》裡譴責歐利根的這部著作，他說：

> 因為在他所稱的《論第一原理》的書中，這是他所接納、所定下的觀點。且這裡更令我驚訝的是，一個如此博學多聞、如此精通教會文獻的人竟然沒有留意到，首先，他的觀點與我們擁有如此之高的權威的《聖經》的段落的主旨是相衝突。[34]

對於以上奧古斯丁對歐利根的《論第一原理》的譴責，Henri Crouzel 認爲這是耶柔米歪曲歐利根的思想導致奧古斯丁誤解了歐利根的思想。例如：就《論第一原理》這部書而言，歐利根在討論理性受造物的終極的有形體或無形體（the ultimate corporeality or incorporeality）的問題時，Henri Crouzel 主張盧非努斯忠實於歐利根的思想，這是耶柔米曲解歐利根的思想。他說：「耶柔米所代表的埃及的歐利根主義的圈子是耶柔米強加給歐利根的觀點的主要來

---

[32] 希臘語中沒有現存的關於《論第一原理》的直接手稿傳統。歐利根神學的朋友，四世紀的卡帕多西亞主教（Cappadocian bishop），凱撒利亞的巴西爾（Basil of Caesarea）和納齊安的額我略（Gregory of Nazianzus），在他們名為《愛美集》（*Philocalia*）的論文中保留了《論第一原理》3.1 和 4.1-3 的希臘語摘錄。Ronald E. Heine. 'Origen' in *The Routledge Companion to Early Christian Thought*, edited by D. Jeffrey Bingham, (New York/the US: Routledge, 2010), p. 196.

[33] Alexandra Pârvan. 'Augustine and Origen on the "coasts of skins"' in *Vigiliae Christianae*, Vol. 66, No.1, footnote 3, (2012): 57.

[34] Augustine. *City of God*, with an English translation by David S. Wiesen, BK XI, xxiii, p. 515.

源。」[35] 奧古斯丁在閱讀了耶柔米翻譯的《論第一原理》之後，對
歐利根的這部作品做了以上的責難。相同地，馬克·愛德華斯指出
盧非努斯翻譯歐利根的早期作品《論第一原理》無非是要保護歐利
根，以便抵抗伊皮凡武斯與耶柔米的惡言。他還說盧非努斯翻譯沒
有被證實爲不正確，歐利根的思想是被有心人士歪曲以達成他們的
政治企圖。[36]

　　以上顯示，奧古斯丁對歐利根思想的誤解來自於耶柔米對歐利
根著作的翻譯以及他無法掌握希臘文，以至於他需要藉助於翻譯才
能閱讀歐利根的作品而造成的結果。事實上，奧古斯丁早期的思想
深受柏拉圖主義與歐利根思想的影響，而歐利根在他的著作以及爲
基督信仰辯護時都大量使用柏拉圖的思想。奧古斯丁在《論基督教
的教義》（*On Christian Teaching*）裡就主張：[37]

　　　那些被稱為哲學家，特別是柏拉圖主義者的任何言論，如果碰
　　　巧是真實的並且與我們的信仰一致，不應引起恐慌，而應為我
　　　們自己使用。

所以就他的這個主張而言，他在自己的著作裡並沒有排除將歐利根
的思想作爲他詮釋《聖經》的參考。馬克·愛德華斯的中文版序裡

---

[35] Henri Crouzel. *Origen*, translated by A.S. Worrall, (Edinburgh/the UK: T.&T. Clark, 1989), p. 176.

[36] 馬克·愛德華斯（Mark Julian Edwards）著。《歐利根駁斥柏拉圖》，羅月美譯，（臺北：五南出版社，2020 年 5 月），頁 9。

[37] Augustine. *On Christian Teaching*, translated with an Introduction and Notes by R. P.H. Green, BK II, XL.60.144, (New York/The US: Oxford University Press, 1997), p. 64.

就說歐利根「從柏拉圖那裡借用哲學思想時，這是因爲柏拉圖將幫助他更好、更完全地理解神明的啓示」。[38] 相同地，奧古斯丁從歐利根那裡借用柏拉圖主義的思想也是因爲他發現柏拉圖主義者的學說是與基督信仰一致。在他早期的作品《眞正的宗教》中，他就說：「在修改了一些詞彙與句子之後，柏拉圖主義者可以被視爲是基督徒。」[39]

▌貳‧歐利根與奧古斯丁對《創世紀》第一章，第一節的詮釋

在以上我們論證了奧古斯丁受到安波羅斯的影響在詮釋《聖經》時有時是藉助歐利根的思想，尤其在他撰寫《懺悔錄》時已經知道發生在巴勒斯坦的反歐利根主義，因此在他的作品裡並沒有提及他的部分思想是出自於歐利根的觀點。Alexandra Pârvan 認爲奧古斯丁在對《創世紀》一～三章的詮釋中，他顯然在心靈上與歐利根進行了許多的互動，有時透過採納他的觀點，有時透過建立或改變它們，有時透過反駁它們，並在整個過程中產生他自己的觀點。他可能並不總是意識到這種解釋與歐利根學說的各個方面有關，因爲他首先是透過安波羅斯和其他間接來源了解到這一點的。[40] 對於

---

[38] 馬克‧愛德華斯（Mark Julian Edwards）著。《歐利根駁斥柏拉圖》，羅月美譯，（臺北：五南出版社，2020 年 5 月），頁 3。

[39] 克里斯多夫‧霍恩（Christoph Horn）著。《奧古斯丁哲學思想導論》，頁 39。Augustine. 'Of True Religion' in *Augustine Earlier Writings*, edited and translated by J. H. S. Burleigh, iv, 7, (Louisville/Kentucky: Westminster John Knox Press, 2006), p. 229.

[40] Alexandra Pârvan. 'Augustine and Origen on the "coasts of skins"' in *Vigiliae Christianae*, Vol. 66, No. 1, footnote 3, (2012): 57.

Alexandra Pârvan 這個觀點，在這一節裡我們以 Györgz Heidl 的研究爲材料探討歐利根、安波羅斯與奧古斯丁的《創世紀》裡的第一章第一節以挖掘歐利根的思想對安波羅斯與奧古斯丁的影響。

歐利根《論創世紀的講道集》（*Homilies on Genesis*）1:1, 24：[41]

> 除了我們的主和「一切事物的救主」（《提摩太前書》第四章，第十節），耶穌基督「一切受造物的首生者」（《歌西羅書》第一章，第十五節）之外，一切事物的起初是什麼呢？因此，在這個起初，即在祂的道中，上帝創造了天地，正如福音傳道者約翰在他的福音書開頭所說的那樣：「起初有道，**道與神同在以及這道是神。起初神也是如此。一切事物都是由祂造的**，沒有祂，一切事物都不會被造。」（《約翰福音》第一章，第一至三節），《聖經》在這裡並不是說任何時間上的開始，而是說天地和一切受造之物都是「在起初」被造的，即在救主裡被造的。

> （*Quod est omnium principium, nisi Dominus noster et Salvator omnium* (1 Tim. 4:10), **Iesus Christus,** *primogenitus omnis creaturae* (Col. 1:15)? **In hoc ergo principio, hoc est in Verbo suo, Deus caelum et terram fecit,** *sicut et Euangelista Iohannes in initio Euangelii sui ait dicens: In principio erat Verbum, et* **Verbum erat apud Deum,** *et Deus erat Verbum. Hoc erat in*

---

[41] György Heidl. *The Influence of Origen on the Young Augustine: A Chapter of the History of Origenism*, p. 81；天主教《聖經》把「道」（*logos*）翻譯為「聖言」。

principio apud Deum. **Omnia per ipsum facta sunt** *et sine ipso factum est nihil* (Jn. 1:1-3). **Non ergo hic temporale aliquod principium dicit, sed in principio, id est in Salvatore, factum esse dicit caelum et terram et omnia quae facta sunt.**）

安波羅斯《論六天的創造》（*Homilies on Hexaemeron*）1.4.15, 13：[42]

在奧祕意義上起初由以下陳述表示：「我是太初也是末了，是開始也是結束。」（《啓示錄》第一章，第八節）在這關聯上福音書中的話語具有重要的意義，<u>尤其是當主被問及祂是誰時，祂回答説：「我是起始，我與你們説話。」</u>（《約翰福音》第八章，第二十五節）〔……〕因此，在這起初，即在基督裡，上帝創造了天地，因為「一切事物都是藉著祂造的，凡被造的，沒有一樣不是藉著祂造的」（《約翰福音》第一章，第三節）。再説一遍：「一切事物靠祂維繫在一起，祂是一切受造物的首生。」（《歌西羅書》第一章，第十七節）此外，祂在一切受造物之前（《歌西羅書》第一章，第十五節），因為祂是聖潔的（參考《出埃及記》第四章，第二十二節）。首生確實是神聖的，因為「以色列的長子」。我們也可以理解「神在**起初**造了天地」，即在**時間之前**，正如道路的起始還不是道路，房屋的起始還不是房屋一樣。

---

[42] György Heidl. *The Influence of Origen on the Young Augustine: A Chapter of the History of Origenism*, pp. 81-82.

（*Est etiam initium mysticum, ut illud est: ego sum primus et novissimus, initium et finis* (Apoc. 1:8) *et illud in Evangelio praecipue, quod interrogatus Dominus quis esset respondit: initium quod et loquor vobis* (Jn. 8:25). [...] **In hoc ergo principio, id est in Christo fecit Deus caelum et terram,** *quia per* **ipsum omnia facta sunt** *et sine ipso factum est nihil quod factum est* (Jn. 1:3): *in ipso, quia in ipso constant omnia* (Col. 1:17) *et ipse est primogenitus totius creaturae* (Col. 1:15), *sive quia ante omnem creaturam, sive quia santus, quia primogeniti sancti sunt* (cf. Ex. 4: 22)... . *Possumus etiam intellegere* **in principio** *fecit deus caelum et terram,* **id est ante tempus,** *sicut initium viae nondum via est et initium domus nondum domus.*）

奧古斯丁的《論創世紀駁斥摩尼教》（*De Genesi adversus Manichaeos*）1.2.3, 69：[43]

> 我們回答他們説，神在起初造了天地，不是在時間上的起初，而是在基督裡。因為祂是與父同在的道，一切事物都是藉著祂以及在祂之內被造的（《約翰福音》第一章，第二至三節）。因為當猶太人問祂是誰時，我們的主耶穌基督回答説：「起

---

[43] György Heidl. *The Influence of Origen on the Young Augustine: A Chapter of the History of Origenism*, p. 82：根據 Ramelli，歐利根的講道透過耶柔米的翻譯傳到了奧古斯丁，耶柔米的翻譯於西元 383 年在羅馬完成，所以很可能在西元 386 年時這些翻譯到達在米蘭時的奧古斯丁手中。她更相信米蘭圈子把更多歐利根的思想傳遞給奧古斯丁。I. L. E. Ramelli. 'Origen in Augustine: A Paradoxical Reception' in *Numen* Vol. 60, (2013): 294-296.

初。這就是我跟你說話的原因。」（《約翰福音》第八章，第二十五節）但即使我們相信神在起初造了天地，我們也應該認識到，在起初之前並不存在時間。

（*His respondemus **deum fecisse coelum et terram non in principio temporis, sed in Christo**, cum **verbum esset apud patrem, per quod facta** et in quo facta **sunt omnia** (Jn. 1:2-3). Dominus enim noster Iesus Christus cum eum Iudaei quis esset interrogassent, respondit: principium quod et loquor vobis* (Jn. 8:25). ***Sed etsi in principio temporis deum fecisse coelum et terram credamus, debemus utique intelligere quod ante principium temporis non erat tempus.***）

　　以上我們發現不論是歐利根、安波羅斯與奧古斯丁對於「在起初」（*in principio*）的理解是十分相似的，即在起初，在基督裡，一切事物被造。就「在起初」的概念而言，Györgz Heidl 認為這三位釋經家的主張是一致的，即所有的受造物的起初被認為是與基督──約翰的道──以及保羅在《歌羅西書》的第一章，第十五節中提到的首生子相等同。上帝透過非時間性的行為在基督裡造了所有的受造物，因為時間（time[44]）和時間性（temporality）屬於創造（creature）。這種解釋是長久以來的釋經傳統。基督教作家經

---

[44] 英文的 'time' 是與空間（space）是不可切割的概念，時間與空間是一起被造的。所以「時間」指它存在在事件線續的序列中，且它可以測量，例如：A 事件發生於某個時刻 a，B 事件發生於另一個時刻 b。因此，我們可以對不同事件依據發生的時間進行排序。'temporality' 是指從過去、現在與未來的一種線性進展的概念，就像一把箭那樣它從起點往前直線地奔向未來。

常將《創世紀》第一章，第一節，《約翰福音》第一章，第一節與《歌西羅書》第一章，第十五節連繫起來，因為他們意識到希伯來語「起始」（'bresith'）和「首生子」（'reshit'）的可能含意。[45]另外，這裡也要注意，他們三者都使用「造了」（*fecit*）—— 即英文的 'make' —— 天與地，不是創造（create）天與地。

有關於安波羅斯的「在奧祕意義上起初」，他選擇了與歐利根的詮釋一致，引述《約翰福音》第一章，第三節與《歌西羅書》第一章，第十五節去論證《創世紀》第一章，第一節裡的「起初」是與基督相等同的。[46]Györgz Heidl 說：「文本上的相似之處表明安波羅斯運用了歐利根對《創世紀》的第一個講道，但我們今天無法將這段經文與歐利根對《創世紀》的評論中闡述的解釋進行比較，因為後者已經不存在了。」[47]

奧古斯丁的文本看起來是取決於安波羅斯的文本。明顯地，當他把《約翰福音》第八章，第二十五節與《創世紀》第一章，第一節相連結時，他是複製了安波羅斯的文本。Györgz Heidl 主張這節經文作為將基督認定為奧祕的起初的論據，並沒有出現在希臘教父那裡，當安波羅斯用這個「起始」來指奧祕的起始時，身為一位希臘文專家的安波羅斯是有可能遵循歐利根的釋經的權威。[48]因

---

[45] György Heidl. *The Influence of Origen on the Young Augustine: A Chapter of the History of Origenism*, p. 82.

[46] György Heidl. *The Influence of Origen on the Young Augustine: A Chapter of the History of Origenism*, p. 83.

[47] György Heidl. *The Influence of Origen on the Young Augustine: A Chapter of the History of Origenism*, p. 83.

[48] György Heidl. *The Influence of Origen on the Young Augustine: A Chapter of the History of Ori-*

此，Györgz Heidl 認爲我們可以假設奧古斯丁完全依賴於安波羅斯的講道，而沒有意識到安波羅斯的講道是藉助於歐利根的文本。[49] 也就是說，儘管奧古斯丁在他的著作裡批評歐利根的思想是異端，事實上，他的思想裡卻擁有歐利根的釋經的影子。或許這是奧古斯丁始料未及的呢，還是或許奧古斯丁是有意識這樣做的呢？因爲根據 Ramelli 的主張，歐利根的《論創世紀的講道集》當時還沒有被盧非努斯翻譯爲拉丁文，但這是有可能奧古斯丁透過其他的管道取得歐利根這本講道集的思想，例如：透過安波羅斯的《論六天的創造》或者辛普里西安茲或者其他的人，因此，這是可能的，奧古斯丁在他撰寫《論創世紀駁斥摩尼教》時，他曾讀過歐利根主義者對《創世紀》解釋的拉丁文彙編。[50]

▌結語

歐利根的作品能夠留存下來給我們，這點要歸功於盧非努斯將他大部分的作品翻譯爲拉丁文（部分由耶柔米翻譯）所做出的努力。他在死後被判爲異端也是由於在翻譯過程中一些關鍵詞沒有正確翻譯所造成的。Ramelli 在爲歐利根的哲學神學做辯護時

---

genism, pp. 83-84.

[49] György Heidl. *The Influence of Origen on the Young Augustine*: *A Chapter of the History of Origenism*, p. 84.

[50] I. L. E. Ramelli. 'Origen in Augustine: A Paradoxical Reception' in *Numen* Vol. 60, (2013): 296；更多有關歐利根與奧古斯丁思想上的相似處，請參考 Yip-Mei Loh. 'Origen on the Freedom of Choice and the Will', *Journal of National Taiwan Normal University*, Vol. 69, 2024(3):110-120。

指出其中一個明顯的錯誤是將「永世」（‘αἰώνιος’）與「永恆」（‘ἀῖδιος’）這兩個希臘詞都翻譯爲拉丁文的 ‘aeternus’ 所造成的一個不可原諒的錯誤。因此，馬克‧愛德華斯才在他的《歐利根駁斥柏拉圖》裡提醒現在的學者，以免重蹈覆轍，研究歐利根的哲學必須具備兩個條件：嚴謹的哲學訓練以及熟悉希臘文。

▍參考書目

Augustine. *Confessions*, with an English translation by William Watt, London/English: Harvard University Press, first published 1912.

_____. 'Of True Religion' in *Augustine Earlier Writings*, edited and translated by J.H.S. Burleigh, Louisville/Kentucky: Westminster John Knox Press, 2006.

_____. *City of God*, with an English translation by David S. Wiesen, London/England: Harvard University Press, first published 1968.

_____. *On Christian Teaching*, translated with an Introduction and Notes by R. P.H. Green, New York/The US: Oxford University Press, 1997.

Cameron, Michael. 'Origen and Augustine' in The Oxford Handbook of Origen, edited by Ronald E. Heine, Karen Jo Torjesen, (Oxford/ the UK: Oxford University Press, 2022): 461-483.

Crouzel, Henri. *Origen*, translated by A.S. Worrall, Edinburgh/the UK: T.&T. Clark, 1989.

Heidl, György. *The Influence of Origen on the Young Augustine*: *A Chapter of the History of Origenism*, The US: Gorgias Press, 2009.

Heine, E. Ronald. 'Origen' in *The Routledge Companion to Early Christian Thought*, edited by D. Jeffrey Bingham, New York/the US: Routledge, 2010.

_____. *Origen*: *Scholarship in the Service of the Church*, Oxford/ the UK: Oxford University Press, 2010.

Jerome. *Contra Iohannem*. http://www.thelatinlibrary.com/jerome/contraioannem.html，檢索日期：2023 年 8 月 21 日。

Loh, Yip-Mei. 'Origen on the Freedom of Choice and the Will', *Journal of National Taiwan Normal University*, Vol. 69, 2024(3):110-120.

Origen. *On First Principles*, edited and translated by John Behr, Oxford/The UK: Oxford University Press, 2017.

Pârvan, Alexandra. 'Augustine and Origen on the "coasts of skins"' in *Vigiliae Christianae*, Vol. 66, No.1, footnote 3, (2012): 56-92.

Malden, R. H. 'St. Ambrose As an Interpreter of Holy Scripture' in *The Journal of Theological Studies*, Vol. 16, No. 64, (July 1915): 509-522.

Ramelli, L.E. Ilaria. 'Origen in Augustine: A Paradoxical Reception' in *Numen*, Vol. 60, No.2/3, (2013):280-307.

Schatkin, A. Margreat 'The Influence of Origen upon St. Jerome's Commentary on Galatians' in *Vigiliae Christianae* 23, (1970): 49-58.

克里斯多夫・霍恩（Christoph Horn）著，《奧古斯丁哲學思想導論》，羅月美譯，臺北：五南出版社，2021 年 3 月。

馬克・愛德華斯（Mark Julian Edwards）著。《歐利根駁斥柏拉圖》，羅月美譯，臺北：五南出版社，2020 年 5 月。

第五章　歐利根與耶柔米

　　斯替頓的優色比烏斯・希耶洛繆努斯（Eusebius Hieronymus of Stridon，大約西元 347 年至 420 年）英文簡稱為耶柔米（Jerome，西元 347 年至 420 年）於西元 347 年出生，並在一個極不起眼小鎮斯替頓長大。儘管他的父母是基督徒，但是他小時候並沒有在斯替頓受洗，而是長大之後在羅馬受洗，因為那個時代，洗禮被推遲到成年，甚至到臨終前，因為擔心由此帶來的責任。[1] 他是一位拉丁聖經之父，我們現在擁有的《武加大譯本》（Vulgate）就是由他在大約西元 383 年左右時翻譯而成。在中世紀時期它是教會官方通用的一個譯本。[2]

　　耶柔米出生在一個富裕的家庭裡，他的父親從小就把金錢花在他的教育上，藉此奠定了他未來的生涯的基礎。他在他的故鄉接受了一系列紮實的教育訓練。青少年時期，他的父親將他送往羅馬接受更嚴謹的教育訓練，尤其是在演說術、語言學和哲學研究方面

---

[1] Stefan Rebenich. *Jerome*, (London and New York: Routledge, 2002), p. 4；參考克里斯多夫・霍恩著，〈譯者導論〉，（臺北：五南出版社，2011 年 3 月），頁 7。

[2] 參考克里斯多夫・霍恩著，〈譯者導論〉，（臺北：五南出版社，2011 年 3 月），頁 7-10。

的訓練。[3]他的老師是著名的文法學家埃利烏斯‧多納圖斯（Aelius Donatus），他跟隨著他至少學習了希臘文和拉丁文。大約在西元 360 或西元 366 年，他在羅馬受洗。[4]這意味著他在成為基督徒之前就已經受到「異教」羅馬文化的強烈影響。換句話說，耶柔米的基督教帶有羅馬演說術等的標記。在後來的生活中，耶柔米本人也表達了這一點，當時他提到夢中的一個聲音對他說：「你是西塞羅主義者，你不是基督徒。」（*Ciceronianus es, non Christianus*）[5] Hasselhoff 告訴我們，耶柔米在羅馬度過了幾年後，他前往高盧（Gaul），直到他到達了德國的特里爾（Trier）之後，他在那裡停留了一段時間，且遇到了阿奎萊亞的盧非努斯（Rufinus of Aquileia，西元 345 年至 411 年）。後來他和盧非努斯一起搬到了阿奎萊亞（Aquileia）。大約在西元 373 年，他穿越色雷斯（Thrace）和小亞細亞，到達敘利亞北部。在安提阿（Antioch）患重病後，他將自己奉獻給上帝。當時他的一位老師是老底嘉的阿波里納里斯（Apollinaris of Laodicea），後來他的這位老師被稱為異端。[6]此外，他還一度從安提阿前往哈爾基斯沙漠（desert of Chalcis），與一些隱士會合。他在那裡似乎找到了學習和寫作的時間，而且他

---

[3] Stefan Rebenich. *Jerome*, pp. 5-6.

[4] Görge K. Hasselhoff. 'Revising the Vulgate: Jerome and his Jewish Interlocutors' in *Zeitschrift für Religions-und Geistesgeschichte*, Vol. 64, No. 3, (2012): 209.

[5] Görge K. Hasselhoff. 'Revising the Vulgate: Jerome and his Jewish Interlocutors' in *Zeitschrift für Religions-und Geistesgeschichte*, Vol. 64, No. 3, (2012): 209.

[6] Görge K. Hasselhoff. 'Revising the Vulgate: Jerome and his Jewish Interlocutors' in *Zeitschrift für Religions-und Geistesgeschichte*, Vol. 64, No. 3, (2012): 209；參考克里斯多夫‧霍恩著，〈譯者導論〉，（臺北：五南出版社，2011 年 3 月），頁 7。

首次向一位已皈依的猶太人嘗試學習希伯來語。[7]

　　耶柔米於西元 378 年或 379 年回到安提阿，在那裡他被主教保利努斯（Bishop Paulinus）任命為神父。不久之後，他搬到君士坦丁堡，跟隨所謂的卡帕多西亞教父（Cappadocian Fathers）之一的納齊安茲的額我略（Gregory of Nazianz）學習。在君士坦丁堡期間他將史學家優色比烏斯的《編年史》（*Chronicle*）翻譯為拉丁文。大約兩年後的西元 382 年，他作為翻譯和顧問陪伴安提阿的保利努斯（Paulinus of Antioch）與薩拉米斯大主教伊皮凡尼武斯（Epiphanius, bishop of Salamis）回到羅馬，成為教宗達馬蘇斯一世（Pope Damasus I）的祕書。[8]耶柔米自己也這樣說：「我正在幫助羅馬主教達馬蘇斯一世處理他的教會信件，並寫下他對東方和西方議會向他提出的問題的答案。」[9]他在羅馬停留了大約三年。這些年對他十分重要，原因有幾個，其中之一是達馬蘇斯一世要求耶柔米修訂拉丁文《聖經》的翻譯。在羅馬的這些年裡，耶柔米與許多出身名門、受過良好教育的女性保持著密切的連繫，其中包括一些來自最高貴的貴族家庭的女性，如寡婦麗亞（Lea）、瑪賽拉（Marcella）和保拉（Paula），以及她們的女兒布萊西拉（Blaesilla）和尤斯托奇姆（Eustochium）。與這些女性的密切接觸似乎

---

[7]　Görge K. Hasselhoff. 'Revising the Vulgate: Jerome and his Jewish Interlocutors' in *Zeitschrift für Religions–und Geistesgeschichte*, Vol. 64, No. 3, (2012): 209-210.

[8]　Görge K. Hasselhoff. 'Revising the Vulgate: Jerome and his Jewish Interlocutors' in *Zeitschrift für Religions–und Geistesgeschichte*, Vol. 64, No. 3, (2012): 210. Cf. Stefan Rebenich. *Jerome*, p. 31.

[9]　Stefan Rebenich. *Jerome*, p. 32.

是耶柔米在教宗去世後被迫離開羅馬的原因。[10]

　在達馬蘇斯一世於西元 384 年 12 月過世之後，西元 385 年 8 月，耶柔米在一群年輕人的陪伴下返回到安提阿。不久之後，他的女贊助人保拉和她的女兒尤斯托奇姆也加入了他的行列。西元 385 年冬天，耶柔米和婦女們開始了聖地朝聖之旅，參觀了耶路撒冷、伯利恆（Bethlehem）和加利利聖地，接著他們一行人再前往埃及。[11] 耶柔米隨即進入亞歷山大城的教理學校（Catechetical School of Alexandria）學習，並成為盲人迪提穆斯（Didymus the Blind[12]）的學生。[13] 很快地他就出版了自己翻譯盲人迪提穆斯的《論聖靈的論文》（*Treatise on the Holy Spirit*）。他很清楚迪提穆斯也受到歐利根的作品影響，並想讓拉丁文讀者有機會接觸到這些材料，因為他翻譯盲人迪提穆斯的部分動機是出於他要向拉丁文讀者表明，

---

[10] Görge K. Hasselhoff. 'Revising the Vulgate: Jerome and his Jewish Interlocutors' in *Zeitschrift für Religions–und Geistesgeschichte*, Vol. 64, No. 3, (2012): 210. Stefan Rebenich. *Jerome*, p. 33.

[11] Görge K. Hasselhoff. 'Revising the Vulgate: Jerome and his Jewish Interlocutors' in *Zeitschrift für Religions–und Geistesgeschichte*, Vol. 64, No. 3, (2012): 210. Stefan Rebenich. *Jerome*, p. 39.

[12] 在西元四世紀時，盲人迪提穆斯是亞歷山大城裡一位著名的釋經家與教師。史學家蘇格拉底（Socrates）認為盲人迪提穆斯對歐利根的《論第一原理》所做的評論可以用來作為教學的意義。耶柔米稱盲人迪提穆斯為「歐利根最開放的捍衛者」。傳統上一般都認為盲人迪提穆斯是亞歷山大城教理學教的最後一位校長。Richard A. Layton. 'Reception of Origen in the Fourth Century' in *The Oxford Handbook of Origen*, edited by Ronald E. Heine and Karen Jo Torjesen, (Oxford: Oxford University Press, 2022), p. 448.

[13] Görge K. Hasselhoff. 'Revising the Vulgate: Jerome and his Jewish Interlocutors' in *Zeitschrift für Religions-und Geistesgeschichte*, Vol. 64, No. 3, (2012): 210. Cf. Erasmus. *Life of Origen*, translated with commentary by Thomas P. Scheck, foreword by Richard L. DeMolen, (Washington, D.C.: The Catholic University of America Press, 2016), p. 80.

他非常不喜歡的米蘭主教安波羅修（Ambrose, bishop of Milan）抄襲了迪提穆斯這部《論聖靈的論文》的大部分內容。後來盧非努斯把耶柔米的惡意揭發出來，並在他的《駁斥耶柔米的辯護》（*Apology against Jerome*）這部作品中捍衛安波羅修。[14] 對於這點，Thomas P. Scheck 批評耶柔米，他認為耶柔米指責安波羅修抄襲盲人迪提穆斯的作品似乎是很諷刺，因為耶柔米自己一生在釋經上也都實踐與安波羅修同樣的方法。[15]

在西元 388 年夏末秋初，耶柔米搬到伯利恆，並在那裡使用保拉剩下的資金建造了一座男子修道院和一座女子修道院。前者由他來帶領，後者由保拉負責。[16] 根據 Hasselhoff，他在修道院裡以隱士的身分度過了餘生；保拉和尤斯托奇姆等人都住在其中。我們尚不清楚他們在日常交流中使用哪種語言。修道院內的語言可能是拉丁語，因為大多數居民來自羅馬。後來，講希臘語的修士也成為修道院的成員。他在西元 419 年或 420 年 9 月 30 日在伯利恆附近去世之前，他在伯利恆度過了一段非常富有成效和活躍的時光。他將希伯來《聖經》翻譯成拉丁文。他評論了幾本《聖經‧舊約》和《聖經‧新約》的書籍；他也將許多希臘著作翻譯成拉丁文。他還與其他神學家進行了多次的爭論，其中包括他以前的朋友盧非努斯。[17]

---

14 Erasmus. *Life of Origen*, p. 80.

15 Erasmus. *Life of Origen*, p. 80.

16 Jerome. *Vita Malchi*, Introduction, Text, Translation, and Commentary by Christa Gray, (Oxford/the UK: Oxford University Press, 2015), p. 2.

17 Görge K. Hasselhoff. 'Revising the Vulgate: Jerome and his Jewish Interlocutors' in *Zeitschrift für Religions–und Geistesgeschichte*, Vol. 64, No. 3, (2012): 210-211.

耶柔米與盧非努斯的爭辯

主教伊皮凡尼武斯在他的著作《駁異端》（*Panarion*）裡指控歐利根是異端之源，他說歐利根儘管在年輕時保有他積極的聲譽，但是在他後來移居到凱薩利亞（Caesarea）之後，他並沒有將自己的聲譽保持到最後，因為他豐富的經歷使他犯了很大的錯誤。他不遺餘力地對《聖經》的任何部分進行註釋，這一目標導致他受到罪惡的誘惑，並在他的註釋中寫下了致命的文字。伊皮凡尼武斯稱那些跟隨歐利根思想的人為歐利根主義者，他們不是最先做出這種可恥行為的人，歐利根本人才是這種可恥行為的罪魁禍首。[18] 也就是說，伊皮凡尼武斯把歐利根主義的問題歸諸於歐利根，這點是否他犯有時代上的錯誤呢？因為歐利根活著時，歐利根主義還不存在。這樣的話，為何他認為歐利根是歐利根主義的元凶巨惡呢？就好像柏拉圖主義者與柏拉圖是兩回事那樣。

伊皮凡尼武斯對歐利根的指控有以下三點：第一、歐利根的聖子從屬論（subordinationism）為阿里烏斯的異端（Arian heresy）鋪平了道路；第二、歐利根教導魂的先存的學說，並教導身體是魂的墳墓，這些都歪曲了《聖經》裡的意義；第三、歐利根的救贖學說是不正確的。[19] 總言之，就伊皮凡尼武斯而言，歐利根不僅是名

---

[18] Bishop of Salamis. *Panarion*, 64, 3.8, translated and edited by Philip R. Amidon, (Oxford, New York: Oxford University Press, 1990), pp. 214-215. Cf. Richard A. Layton. 'Reception of Origen in the Fourth Century' in *The Oxford Handbook of Origen*, p. 453.

[19] Richard A. Layton. 'Reception of Origen in the Fourth Century' in *The Oxford Handbook of Origen*, p. 453；有關於第二點，請參考羅月美著，〈歐利根論魂的先存〉，收錄在《哲學與文化》，黎建球與克里斯多夫・霍恩主編，第 588 期，第 5 卷，2023 年 5 月，頁

符其實的異端，且還是異端的化身。

　　就在耶路撒冷反對歐利根的運動陷入僵局時，爭論在羅馬與君士坦丁堡（Constantinople）再次爆發。耶柔米和他的競爭對手——即西方修士阿奎萊亞的盧非努斯——都在巴勒斯坦建立了自己的勢力：耶柔米在伯利恆，而盧非努斯卻在耶路撒冷。[20] 在歐利根的現存作品中，有大約 50% 的歐利根作品是由盧非努斯所翻譯的，耶柔米只翻譯了歐利根大約 10% 的作品。[21] 與耶柔米不同，盧非努斯對歐利根保持著清晰而穩定的態度，他認為歐利根是早期教會傑出的釋經家和神學家，而翻譯歐利根的著作將對西方教會有很大的裨益。因此，他一直將歐利根視為自己尊敬的教師，儘管歐利根於大約西元 253 年過世時，盧非努斯還沒有來到世界上。而盧非努斯的翻譯也受到當時很多神學家們的肯定。[22] 但是很不幸的是，盧非努斯與能言善辯的耶柔米之間的衝突損害了盧非努斯在西方基督宗教界的聲譽。就 Thomas P. Scheck 的觀點，他認為耶柔米對盧非努斯的性格和東正教的誹謗是在西元四世紀末至五世紀初悲劇性的歐利根主義的爭議期間寫成的。值得慶幸的是，盧非努斯並沒有讓自己因這場爭吵而灰心喪志，他應宗教界的長官的請求，憑藉著他的耐心和無私的翻譯成果，他拯救了歐利根的一些書籍，這些書籍

113-130。有關於歐利根的救贖學說，請參考羅月美譯。《奧古斯丁哲學思想導論》，克里斯多夫·霍恩著，〈譯者導論〉，（臺北市：五南出版社，2011 年 3 月），頁 11-13。

[20] Richard A. Layton. 'Reception of Origen in the Fourth Century' in *The Oxford Handbook of Origen*, p. 454. Erasmus. *Life of Origen*, p. 81.

[21] Erasmus. *Life of Origen*, p. 49.

[22] Erasmus. *Life of Origen*, p. 50.

是基督教古代最珍貴的著作。[23] 耶柔米譴責盧非努斯對歐利根作品的翻譯技巧，特別是在他的第一二四封信中關於《論第一原理》這部作品，以及他在歐利根主義的爭辯最為激烈時寫了一部反對盧非努斯的作品，題為《駁斥盧非努斯的申辯》（*Apology against Rufinus*）。[24]

　　而這場爭論的引發歸因於西元 393 年伊皮凡尼武斯訪問耶路撒冷，他在這次訪問中提出了一系列公開批評，尤其是在他向主教約翰（Bishop John）講道時，暗示主教約翰在釋經上是歐利根的錯誤的推動者，同時也指控耶柔米和盧非努斯是「歐利根主義者」的異端，因為他們拒絕簽署由一位修士名叫阿塔比烏斯（Atarbius）所發起的宣稱歐利根是異端的請願書。西元 394 年，伊皮凡尼武斯返回巴勒斯坦（Palestine），任命耶柔米的兄弟保利尼安（Paulinian）為神父以便能削弱主教約翰在伯利恆修道院的權威。在西元 396 年，約翰以伊皮凡尼武斯干涉他與他所管轄下的一座修道院的關係為由，向亞歷山大城的主教提奧菲盧斯（Theophilus）求助，危機蔓延至耶路撒冷以外地區。提奧菲盧斯的特使伊西多爾（Isidore）最初嘗試調解，但慘遭失敗。然而，到了西元 397 年，耶柔米積極回應了提奧菲盧斯的提議，並表示自己準備與主教約翰和解。[25] 後來耶柔米改變了對歐利根的態度，並在請願書上簽名，在西元大約 415 年耶柔米誇張地指責歐利根是伯拉糾主義之「父」

[23] Erasmus. *Life of Origen*, pp. 50-51.

[24] Erasmus. *Life of Origen*, p. 51.

[25] Richard A. Layton. 'Reception of Origen in the Fourth Century' in *The Oxford Handbook of Origen*, p. 454. Cf. Erasmus. *Life of Origen*, p. 81.

（the 'father' of Pelagianism）。[26] Thomas P. Scheck 告訴我們，「耶柔米一直對歐利根和盧非努斯感到憤怒，直到他去世的那一天。耶柔米的反盧非努斯論戰中最嚴重和最具誹謗性的內容可以在他的《對耶利米書的評論》（*Commentary on Jeremiah*）中找到，這是他的最後一部作品，是在盧非努斯去世後寫下的作品。……而歐利根最終於西元 543 年的第五次君士坦丁堡會議上被查士丁尼皇帝（emperor Justinian）列為異端。結果，他大部分的希臘文著作都被燒毀。耶柔米和伊皮凡尼武斯在這件事上負有責任，因為正是他們為毀滅歐利根之路埋下了種子。」[27]

▌結語

　　不論耶柔米還是盧非努斯在基督宗教神學方面都具有相當的影響力。他們曾是好朋友，但是由於對歐利根哲學神學的學說所持的觀點不同，他們的友誼從朋友變成了仇敵。耶柔米從一開始不願意簽下請願書加害歐利根，到最後或者個人利益考量或者被說服，成為反歐利根的思想家，儘管在思想上當時沒有神學家可以逃避歐利根的釋經對他們的講道的影響。而盧非努斯對歐利根的態度始終如一。他十分尊敬歐利根，因此，他後來被歸於伯拉糾主義者。[28] 歐利根的大部分著作能倖存下來，這應歸功於他翻譯了歐利根的作品讓它們得以流傳下來給我們。但是我們必須留意的是，歐利根不是

---

[26] Erasmus. *Life of Origen*, p. 81.; Michael Cameron. 'Origen and Augustine' in *The Oxford Handbook of Origen*, p. 478.

[27] Erasmus. *Life of Origen*, p. 82 and p. 83.

[28] 克里斯多夫‧霍恩著。《奧古斯丁哲學思想導論》，羅月美譯，頁 31。

一位伯拉糾主義者，這是歐利根過世之後，耶柔米給歐利根的一個
罪名，也因爲這個罪名歐利根於西元 543 年的第五次君士坦丁堡會
議上被查士丁尼皇帝列爲異端。這對歐利根而言是不公平的。同樣
地，把盧非努斯視爲伯拉糾主義者也是缺乏公正。

▌參考書目

Bishop of Salamis. *Panarion*, translated and edited by Philip R. Amidon (Oxford, New York: Oxford University Press, 1990.

Erasmus. *Life of Origen*, translated with commentary by Thomas P. Scheck, foreword by Richard L. DeMolen, Washington, D.C.: The Catholic University of America Press, 2016.

Hasselhoff, Görge. K. 'Revising the Vulgate: Jerome and his Jewish Interlocutors' in *Zeitschrift für Religions–und Geistesgeschichte*, Vol. 64, No. 3, (2012): 209-221.

Jerome. *Vita Malchi*, Introduction, Text, Translation, and Commentary by Christa Gray, Oxford/the UK: Oxford University Press, 2015.

Layton, Richard. A. 'Reception of Origen in the Fourth Century' in *The Oxford Handbook of Origen*, edited by Ronald E. Heine and Karen Jo Torjesen, Oxford: Oxford University Press, 2022: 445-460.

Rebenich, Stefan. *Jerome*, London and New York: Routledge, 2002.

羅月美著。〈歐利根論魂的先存〉，收錄在《哲學與文化》，黎建球與克里斯多夫‧霍恩主編，第 588 期，第 5 卷，2023 年 5 月，頁 113-130。

羅月美譯。《奧古斯丁哲學思想導論》，克里斯多夫‧霍恩著，〈譯者導論〉，臺北：五南出版社，2011 年 3 月。

第六章　伊拉思謨斯對歐利根的接待

　　談到鹿特丹的伊拉思謨斯（Erasmus of Rotterdam，西元 1466/7 年至 1536 年）大家對他並不陌生，因爲他是中世紀宗教改革時期一位著名的人文主義者（humanist），並與比他小十七歲的馬丁·路德（Martin Luther，西元 1483 年至 1546 年）就「自由意志」這個主題有過許多哲學神學上的精彩的辯論。事實上，他的眞正出生是有很多不同的討論。不論如何，他是一位偉大的大公教會的學者、釋經家與神學家。Thomas P. Scheck 給於他極高的評價，並認爲伊拉思謨斯比他的時代領先了五個世紀之久。[1]

　　伊拉思謨斯沒有令人羨慕的身世。他於大約西元 1466 年或 1467 年 10 月 27 日出生於鹿特丹祖母家，她的母親是出生醫生世家的瑪格麗特（Margaret），未婚，父親傑拉德（Gerrard）因聽信瑪格麗特過世的謠言，在極度傷心與失望之際出家成爲一位修士。這導致他與瑪格麗特無法結婚，當他發現到那是一個計謀時已經是

---

[1] Erasmus. *Life of Origen*, translated with commentary by Thomas P. Scheck, foreword by Richard L. DeMolen, (Washington, D. C.: The Catholic University of America Press, 2016), p. xxxiv；有關人文主義，請參考阿明．孔勒教授著（Armin Kohnle）.《路德、喀爾文以及其他人：宗教改革及其結果》，羅月美譯註，註解 13，（臺北：五南出版社，2022 年 11 月），頁 36-37。

與事無補，使得伊拉思謨斯成爲非婚生的。[2]他的全名是德西德里烏斯‧伊拉思謨斯（Desiderius Erasmus）。根據 Froude，「伊拉思謨斯的父親名叫傑拉德（Gerrard），發音爲吉拉德（Gierard），源自 gieren，意思是指『欲望』或『長久的熱情』。在兒子身上，這個名字被拉丁化爲德西德里烏斯（Desiderius），後來根據當時的流行風格被希臘化爲伊拉思謨斯（Erasmus）」。[3]

　　他有一位兄弟叫彼得（Peter）。在他們的父母過世之後他被送入到修道院學校。在西元 1492 年他成爲奧古斯丁修會的神父，並在這段時間以及在西元 1496 年他就讀於巴黎大學。[4]他自學希臘文，且在這方面的造詣表現得十分的傑出，因此有不少的學生向他學習希臘文。[5]他在巴黎求學的階段認識了不少年輕的英國人，例如：多瑪斯‧莫爾（Sir Thomas More），約翰‧科萊特（John Colet[6]）與羅徹斯特主教（Bishop of Rochester）。這些具有文化和道德熱誠的英國領袖人物對伊拉思謨斯的影響極大，使得他多次拜訪英國，並於西元 1506 年短暫停留在劍橋之後就前往義大利。[7]他

---

[2] J. P. Whitney. 'Erasmus' in *The English Historical Review*, Vol. 35, No. 37, (Jan., 1920): 2. Cf. William S. Bishop. 'Erasmus' in *The Sewanee Review*, Vol. 14, No. 2, (Apr., 1906): 132-133.

[3] William S. Bishop. 'Erasmus' in *The Sewanee Review*, Vol. 14, No. 2, (Apr., 1906): 129；參考阿明‧孔勒教授著（Armin Kohnle）。《路德、喀爾文以及其他人：宗教改革及其結果》，羅月美譯註，註解 14，頁 37。

[4] J. P. Whitney. 'Erasmus' in *The English Historical Review*, Vol. 35, No. 37, (Jan., 1920): 5. Cf. Erasmus. *Life of Origen*, p. 1.

[5] William S. Bishop. 'Erasmus' in *The Sewanee Review*, Vol. 14, No. 2, (Apr., 1906): 136.

[6] 約翰‧科萊特（John Colet, 1467-1519）是一位文藝復興時期的人文主義者，且曾是倫頓聖彼得大教堂（St. Paul's Cathedral）的院長。Erasmus. *Life of Origen*, translated with commentary by Thomas P. Scheck , p. 187.

[7] William S. Bishop. 'Erasmus' in *The Sewanee Review*, Vol. 14, No. 2, (Apr., 1906): 137. Cf. J. P.

於西元 1506 年 9 月在義大利的都林大學（University of Turin）獲得神學學位，這使得他擁有合法的權力討論許多神學上的問題。[8]

　　他創作的作品十分的豐碩，其中有兩部十分吸引人的著作分別是《耶柔米的生平》（Life of Jerome）與《歐利根的生平》（Life of Origen），尤其前者被 John Maguire 稱爲是他的「傳記傑作」（biographical masterpiece）[9]。John Maguire 用生動有趣的方式來描繪伊拉思謨斯的《耶柔米的生平》。他認爲伊拉思謨斯是十六世紀早期少數有能力創作這部作品的學者之一，它在當時不僅是一部令人驚嘆的作品，而且還是在基督教傳記領域中一個新的突破。[10]有關於耶柔米（大約西元 340 年至 347 年）對歐利根的態度，我們在前面的章節裡已經談論過了。這裡我們要討論的是伊拉思謨斯這部他最後的一部也是他未完成的作品《歐利根的生平》。根據 Thomas P. Scheck，當他於西元 1536 年 7 月 11 日至 12 日在巴塞爾（Basel）去世時，他正在爲該版本而努力，完成了致力於推進世俗和神聖學術的一生。歐利根版是他（至少）十二個出版的希臘和拉丁教父著作中的最後一個版本，是在他死後出版的。[11]

　　Whitney. 'Erasmus' in *The English Historical Review*, Vol. 35, No. 37, (Jan., 1920): 9.

[8]　Erasmus. *Life of Origen*, translated with commentary by Thomas P. Scheck, p. 1. Cf. Whitney. 'Erasmus' in *The English Historical Review*, Vol. 35, No. 37, (Jan., 1920): 10.

[9]　John B. Maguire. 'Erasmus' Biographical Masterpiece: Hieronymi Stridonensis Vita' in *Renaissance Quarterly*, Vol. 26, No. 3, (1973): 273.

[10]　John B. Maguire. 'Erasmus' Biographical Masterpiece: Hieronymi Stridonensis Vita', (1973): 266.

[11]　Erasmus. *Life of Origen*, translated with commentary by Thomas P. Scheck, p. xxx.

▌壹‧歐利根對伊拉思謨斯思想的影響

　　歐利根的思想對伊拉思謨斯產生的影響是不容小覷的，這點可以從 Thomas P. Scheck 的這一篇文章——題爲〈歐利根對伊拉思謨斯的影響〉（‘The Influence of Origen on Erasmus’）——的這第一句裡揭露出來：「他可以說是西方對歐利根產生濃厚興趣的傑出見證人。」[12] 這樣的一個積極的評價，一方面，不僅表現了歐利根的哲學神學對基督宗教的影響，更襯托出了對他的思想研究的重要性。另一方面，這也突顯了伊拉思謨斯對歐利根的神學研究的尊重與馬丁‧路德對歐利根的思想的批擊的差異，這個差異畫出了這兩位神學家對當時哲學神學所採取的態度的分水嶺。

　　根據 Thomas P. Scheck，伊拉思謨斯第一次接觸歐利根的布道是在西元 1501 年比利時的一次靜修期間，當時他結識了一位方濟會的修士，名叫傑讓‧維特里埃（Jean Vitrier）。這是維特里埃跟伊拉思謨斯談論歐利根的這些話：「毫無疑問，聖靈住在一顆心裡，這顆心以如此多的學識和熱情創作了如此多的書籍。」伊拉思謨斯聽到了這之後，立即閱讀了歐利根的拉丁文講道以及《羅馬書的評論》手稿。這次相遇的一個直接成果是伊拉思謨斯完成了他的一部作品《基督教騎士手冊》（*Enchiridion*），這是伊拉斯謨在靈修文學中的第一篇偉大文章，這部作品充滿了可追溯到歐利根的思想和寓意。[13]

---

[12] Thomas P. Scheck. ‘The Influence of Origen on Erasmus’ in *The Oxford Handbook of Origen*, edited by Ronald E. Heine, Karen Jo Torjesen, (the UK: Oxford University Press, 2022), p. 484.

[13] Thomas P. Scheck. ‘The Influence of Origen on Erasmus’ in *The Oxford Handbook of Origen*, p. 486.

在他的《伊拉思謨斯文集》（*The Collected Works of Erasmus*）裡，他這樣描述歐利根：[14]

歐利根曾經獲得第一名，因為他喚醒了所有希臘人的思想，正如阿塔那修斯（Athanasius）所承認的那樣，他不僅喚醒了他們，而且還教導了他們。他的作品也很受歡迎，但由於他稱自己的布道為「講道」（homilies），即對話，因此他的文體水平幾乎沒有提高；但他完全專注於教學，除了那些主題本身激起的情感之外，他不觸及任何情感，就像阿提克主義者（Atticists）所做的那樣。從仔細閱讀他的著作中，傳道人將獲得豐富的演講能力。

顯然地，伊拉思謨斯肯定歐利根的講道是傳道人的精神養分，因為閱讀他的講道能夠提升傳道人的布道能力。理由是，伊拉思謨斯認為歐利根的《舊約》的寓意式的釋經（allegorical exegesis）掌握住了基督徒讀者的情感，點燃並開啟了基督徒的靈與魂，尤其他的講道《創世紀》第二十二章裡亞伯拉罕遵照上帝的命令獻上以撒的故事，因為歐利根的寓意是受到使徒保羅的啟發。[15]

在西元 1504 年時，在他寫給科萊特的一封信中，他是這樣描述歐利根對他的影響：「我已經讀完了歐利根著作的很大一部分；

---

[14] Thomas P. Scheck. 'The Influence of Origen on Erasmus' in *The Oxford Handbook of Origen*, p. 486.

[15] Thomas P. Scheck. 'The Influence of Origen on Erasmus' in *The Oxford Handbook of Origen*, pp. 486-487.

在他的教導下，我認為我從中已經獲得了許多有價值的成果，因
為他揭示了神學科學的一些源泉，並映現了一些基本原理。」[16]
也就是說，伊拉思謨斯在他閱讀歐利根的著作中，他從中見證了歐
利根在詮釋《聖經》的真理時是完全根據《聖經》中的原始的經
文，以《聖經》的原始文字來詮釋《聖經》，因為他既精通希伯
來文，更熟悉希臘文，以至於他有能力解決與理解保羅神學中的
難題。因此，後來約翰‧厄克（John Eck，西元 1486-1543 年）[17]
就伊拉思謨斯對《新約‧羅馬書》做註解（annotation）時，他建
議他閱讀奧古斯丁的作品。對於這樣的建議，伊拉思謨斯對他的回
答是：「他已經非常仔細地閱讀了奧古斯丁的作品，但承認他從歐
利根的一頁書中學到的『基督教哲學』比從奧古斯丁的十頁中學到
的還要多更多。」[18] 至於許多人指責歐利根的一些學說的錯誤，伊
拉思謨斯的回應是歐利根是教會最重要的老師之一，幾乎所有希臘
教父的靈感都來自於他。[19] 他的思想上的錯誤源自於柏拉圖哲學上
的錯誤。事實上，這樣全盤否定歐利根的哲學神學是欠缺公平的，
在歷史上我們沒辦法找到任何一套的神學是完全正確無誤的。更何
況，歐利根的作品——除了《駁瑟蘇斯》還完整保留希臘文原文之
外——都已經被燒毀了，今天我們擁有他的作品大多數都是拉丁文

---

[16] Thomas P. Scheck. 'The Influence of Origen on Erasmus' in *The Oxford Handbook of Origen*, p. 488.

[17] 有關於約翰‧厄克，請參考《路德、喀爾文以及其他人：宗教改革及其結果》，羅月美譯註，頁 31。

[18] Thomas P. Scheck. 'The Influence of Origen on Erasmus' in *The Oxford Handbook of Origen*, p. 489.

[19] Thomas P. Scheck. 'The Influence of Origen on Erasmus' in *The Oxford Handbook of Origen*, p. 492.

的翻譯。相似地，對柏拉圖的哲學的否定也是不公平的，因爲我們也無法在哲學史上找到一位哲學家的思想是完全毫無錯誤的。或許我們必須採取柏拉圖在《蒂邁歐》（*Timaeus*）的說法，他的哲學是與眞理相似，卻不是與眞理一模一樣。

　　伊拉思謨斯是一位人文主義者，因此，他十分重視古典的研究與古典語言的學習，他認爲這些前輩「很大程度上除了對《聖經》有令人欽佩的知識之外，還透過他們生活的虔誠來推薦自己，有些人也用自己的血見證了他們在著作中捍衛的基督教義，例如：希臘人歐利根、巴西爾（Basilius）、克里索斯托（Chrysostomus）、西里爾（Cyrillus）、約翰・大馬士革努斯（Johannes Damasce-nus）、提奧菲拉克圖斯（Theophylactus），……」[20]。從以上伊拉思謨斯的見證中，歐利根在基督宗教的哲學神學的重要性與地位是我們不能不重視的，因爲我們不可以完全鄙視他在《聖經》的詮釋上所提出證據方面的獨創性和確定性。他對教會的貢獻，正如伊拉思謨斯對他描述的那樣，他是「大教公會中傑出的教師」（'out-standing doctor of the Catholic Church'）[21]，他的生活、學養和對教會的服務都值得效法。[22]從他對歐利根的肯定，歐利根在他的神學的造詣上的影響除了是不言而喻的，更是無可比擬的。

---

[20] Erasmus von Rotterdam. *De Libero Arbitrio Diatribh Sive Collatio*, Lateinish und Deutsch, Übersetzt, eingeleitet und mit Anmerkungen versehen von Winfried Lesowsky, (Darmstadt/Deutschland: Wissenschaftliche Buchgesellschaft, 1969), S. 23.

[21] Erasmus. *Life of Origen*, translated with commentary by Thomas P. Scheck, p. 139.

[22] Thomas P. Scheck. 'The Influence of Origen on Erasmus' in *The Oxford Handbook of Origen*, p. 496.

▌貳‧伊拉思謨斯的《歐利根的生平》

一個人的名字代表的意義是十分重要的以及其對一個人的影響是具有積極面的。在伊拉思謨斯的《歐利根的生平》這部作品的序言的一開始，他說歐利根又被稱爲阿達曼提斯（Adamantius），這個綽號的來源並不是因爲他的性格暗示了這一點，而是因爲這個名字在他生命的一開始就適用於他。[23]

就「Origenes」這個名字而言，對於希臘人，「Origenes」意涵著「山裡出生」（mountain-born）的意思。[24]就「Adamantius」這個名字而言，它的意思是指「金剛之人」（man of adamant），即鋼、鑽石或其他無法被馴服的特質。[25]伊拉思謨斯說：

> 「Adamant」被稱為「無敵」，因為儘管它是完全透明的，但它甚至無法屈服於硬鋼，也無法屈服於錘擊。但歐利根的思想聲譽遠不止於「金剛」（Adamantine）。無論是生活的艱苦，還是無休無止的勞動，無論是赤貧，還是對手的惡意，還是對懲罰的恐懼，還是任何形式的死亡，都不能讓他絲毫偏離他的神聖目標。（Erasmus. *Life of Origen*, translated with commentary by Thomas P. Scheck, p. 140.）

以上伊拉思謨斯對歐利根的名字描繪表現在他的生命的各個

23　Erasmus. *Life of Origen*, translated with commentary by Thomas P. Scheck, p. 138.
24　Erasmus. *Life of Origen*, translated with commentary by Thomas P. Scheck, p. 139.
25　Erasmus. *Life of Origen*, translated with commentary by Thomas P. Scheck, footnote 1, p. 138.

階段上。他的名字 Origen Adamantius 可以反映在從他的孩提時開始，他就具有剛強的意志，從未有任何卑微的想法，因此，他小時就有堅定的（adamant）意志要跟隨他的父親殉教，儘管他的這個意志因他母親的計謀的阻礙而沒有實現。在他父親離開之後，這個家庭過著赤貧的生活。在他兒時的父母親的教育裡，他就已經是將注意力集中在基督教信仰上，重視天主坐在山上所教導的福音的完美性以及經文的崇高奧祕上。[26] 因此，如果賦予偉人的名字不是偶然的，而是包含著對未來事物的預言性預感，那麼這兩個名字都非常適合這位傑出的教會博學之士。[27]

根據伊拉思謨斯，歐利根的祖父母和曾曾祖父母一直都有基督教祖先，儘管波菲利說他是一位異教徒的後裔。[28] 從這個觀點來看，似乎伊拉思謨斯主張優色比烏斯的歐利根與波菲利的歐利根是同一位歐利根。因為，兩位歐利根的議題在當時還沒有被討論與注意。根據 Theo Kobusch 的論文，兩個歐利根的議題到了十七世紀時才引起學者的注目而產生一系列的爭議。[29] 另外，伊拉思謨斯還告訴我們，歐利根的父親雷翁迪伍斯（Leonidas）是一位既虔誠又博學的人，對於他的父親，有兩種說法，一種說法是優色比烏斯的《教會史》的第六卷以及耶柔米的《傑出作家名錄》（*Catalogue of Illustrious Writers*）所描述的，另一種說法是一些流傳下來的傳

---

[26] Erasmus. *Life of Origen*, translated with commentary by Thomas P. Scheck, pp. 139-141.

[27] Erasmus. *Life of Origen*, translated with commentary by Thomas P. Scheck, p. 139.

[28] Erasmus. *Life of Origen*, translated with commentary by Thomas P. Scheck, p. 140.

[29] Theo Kobusch. 'Zum Platonismus des "Christlichen Philosophen" Origenes' in *Origenes der Christ und Origenes der Platoniker*, herausgegeben von Balbina Bäbler und Heinz-Günther Nesselrath, (Tübingen/Deutschland: Mohr Siebeck, 2018), S. 61.

聞，這個傳聞是雷翁迪伍斯是一位主教。對於這樣的一個傳聞，伊
拉思謨斯自己對它持懷疑的態度，對於它的眞與假不做判斷。[30] 而
歐利根自己在《關於以西結的講道》（*Homilies on Ezekiel*）裡這
樣談論他的父親在他十六歲時殉教對他的影響：[31]

> 父親是殉教者，這對我沒有任何好處，如果我不能活下去，並
> 榮耀我的血統。也就是說，我必須點綴他在基督裡的輝煌的見
> 證和懺悔。

伊拉思謨斯表示，歐利根能在年紀輕輕就能表現出一種堅定的
（adamant）意志是由於他以使徒保羅爲典範。[32] 他說：[33]

> 「Adamantius」爲教會誕生了許多堅定（adamant）的人，同
> 時他也一直在磨練自己的身體，使其受奴役，以免他在向別人
> 傳教時，自己會被拒絕。因爲他以守夜、禁食、睡在硬地上、
> 赤身露體和勞動的方式，使自己的肉體變得堅硬到完全能忍耐
> 的地步。

以上我們知道歐利根過著如此純潔與嚴謹的生活以至於人們

---

[30] Erasmus. *Life of Origen*, translated with commentary by Thomas P. Scheck, p. 141.

[31] Origen. *Homilies on Ezekiel*, 4.8, translation and introduction by Thomas P. Scheck, (New York: The Newman Press, 2010), p. 75. Cf. Erasmus. *Life of Origen*, translated with commentary by Thomas P. Scheck, footnote 17, p. 140.

[32] Erasmus. *Life of Origen*, translated with commentary by Thomas P. Scheck, p. 143.

[33] Erasmus. *Life of Origen*, translated with commentary by Thomas P. Scheck, p. 145.

很難找到可以批評他的缺點，而他的去勢就成為他的敵人伊皮凡尼
武斯（Epiphanius）攻擊他的致命傷。[34] 伊拉思謨斯認為歐利根在
他還是非常年輕時，由於出於某種熱切的渴望，而不是根據知識，
他閹割了自己，以便他可以自由地傳授福音哲學，而不危及他的
貞操。根據伊拉思謨斯的觀察，奧古斯丁在他的《論異端》（*De haeresibus*）裡批評歐利根就是取自於伊皮凡尼武斯對他的批評。
伊拉思謨斯告訴我們伊皮凡尼武斯對歐利根的指控：[35]

> 歐利根主義者來自某位歐利根，他的特徵是行為可恥。他們是
> 不可言喻的事的實踐者，將自己的身體交給腐敗。

伊拉思謨斯對歐利根的辯護以及對伊皮凡尼武斯的批評：[36]

> 歐利根主義者以某個歐利根的名字命名，而不是以幾乎每個人
> 都知道的那個歐利根命名，而是以其他某個人的名字命名。

---

[34] 馬克・愛德華斯著（Mark Julian Edwards）。《歐利根駁斥柏拉圖》，羅月美譯，（臺北：五南出版社），頁 19。

[35] Erasmus. *Life of Origen*, translated with commentary by Thomas P. Scheck, p. 149；根據伊皮凡尼武斯，「現在他們說，我們在這裡考慮的歐利根也想出了『某事』來對待他可憐的身體。有人說，他割斷了一條神經，以免受到快感的困擾，也不會因為身體運動而發炎燒傷。另一些其他的人否認了這一點，但卻說他想出了一種藥物來塗抹他的生殖器以使得它枯萎。然而這些其他人卻毫不猶豫地講述他的其他事情，因為他甚至發現了一種藥草來幫助他的記憶。」St. Epiphanius. *Panarion*, translated and edited by Philip R. Amidon, S.J., 64.3.11-12, (New York/Oxford: Oxford University Press, 1990), p. 215；伊拉思謨斯認為去勢是以刀子進行而非以藥物。Erasmus. *Life of Origen*, translated with commentary by Thomas P. Scheck, p. 149.

[36] Erasmus. *Life of Origen*, translated with commentary by Thomas P. Scheck, p. 149.

這裡伊拉思謨斯暗示歐利根主義者是伊皮凡尼武斯的命名，與歐利根本人不相關，但是與伊皮凡尼武斯有關。也就是說，這是可能的，伊拉思謨斯暗指伊皮凡尼武斯對歐利根所指控的腐敗行爲就是指伊皮凡尼武斯自己。

接著伊拉思謨斯指出奧古斯丁不理解希臘文導致他對歐利根的批評不公正，他說：[37]

> 到目前爲止，奧古斯丁也許還沒有正確理解伊皮凡尼武斯的希臘文。因爲 $\varphi\theta\varepsilon\acute{\iota}\rho\varepsilon\iota\nu$ 與 $\varphi\theta o\rho\grave{a}$ 是希臘人用來形容褻瀆者和猥褻者的用語。此外，伊皮凡尼武斯是個處女般謙虛的人，不敢說出真人的名字。奧古斯丁還沒聽說過有關歐利根的閹割，但對於此事就交給讀者做出自己的決定。

對於亞歷山大城主教德米特里烏斯（Bishop Demetrius）對歐利根去勢從起初對他的行爲的欽佩到最後出於嫉妒而將他逐出亞歷山大城，最後他過世在提爾（Tyre），並被埋葬在那裡。[38] 伊拉思

---

[37] Erasmus. *Life of Origen*, translated with commentary by Thomas P. Scheck, p. 149.

[38] Erasmus. *Life of Origen*, translated with commentary by Thomas P. Scheck, p. 154；《聖經》把「Tyre」翻譯爲「推羅」，今日屬於黎巴嫩的國土。使徒保羅曾在這裡駐留。根據 Crouzel，關於歐利根的墳墓，這座墳墓在十三世紀仍然可見，Dom Delarue 在他爲 Huet 的《歐利根》（*Origeniana*）添加的註釋中給出了其中一條註釋，這是一份相當長的中世紀作家名單，提到過它，他總結如下：「被埋葬在提爾大教堂的牆內，稱爲聖墓大教堂（Holy Sepulchre）；他的名字和墓誌銘刻在大理石柱上，並用黃金和寶石裝飾，直到西元 1283 年仍可讀出。」但是 Crouzel 還補充了一句話，他說：「顯然，屍體最初埋葬的地方並不是那裡，因爲當時大教堂並不存在。也許這就是凱撒利亞的優西比烏在落成典禮上發表著名布道的大教堂。」Henri Crouzel. *Origen*, translated by A.S. Worral, (Edinburgh: T & T Clark, 1989), p. 35.

謨斯指出：

> 歐利根想要保守這件事的祕密，但不知怎的，它卻引起了德米
> 特里烏斯的注意。他當時至少欽佩這個年輕人如此非凡的美德
> 和精神力量，他也高度讚揚了他並對教會表示祝賀。無論如
> 何，德米特里烏斯之前的所作所為成為了歐利根晉升神職頂峰
> （即主教職位）的障礙，如果這一過錯沒有被隱藏，他甚至不
> 會被承認神職人員的職位。即使在今天，人們仍然保持警惕以
> 防止任何被任命為神甫的人殘害他自己的身體的任何部位，以
> 免教會遭受醜聞。如果一個人的心不純潔，那麼他會以同樣的
> 熱情採取預防措施來阻止他進入這個級別嗎？……當嫉妒成為
> 一種負擔時，他〔歐利根，筆者〕無可否認地屈服於對手〔德
> 米特里烏斯，筆者〕的傲慢，離開了亞歷山大城，但阿達曼提
> 斯到那裡都是一樣的，到處閃耀，並以不竭的熱情傳播福音。
> （Erasmus. *Life of Origen*, p. 150）

在他的這本書裡，伊拉思謨斯特別提到歐利根的著作分為
三類：簡短的休閒作文（Scholia），講道（Homilies）與評論
（Tomes）。至於第一類目前已經全遺失，第二類還很多保留下
來，第三類是一些書籍，例如：《論第一原理》與《馬太福音的評
論》等。但是還有一些不屬於這三類的，例如：他的書信。另一個
歐利根重要的貢獻是有關於他的《聖經六版並排》（*Hexapla*）與
《四文本合參》（*Tetrapla*）。[39] 伊拉思謨斯這樣描述歐利根這項的

---

[39] Erasmus. *Life of Origen*, translated with commentary by Thomas P. Scheck, p. 157；有關《六

工作：**40**

一旦他學會了希伯來語，他不僅將《七十士譯本》，而且還把其他版本的譯本，即本都的阿居拉（Aquila of Pontus）、迪奧多蒂翁（Theodotion）和敘馬庫斯（Symmachus）的譯本匯集到一本書中。後兩人是伊便尼派（Ebionites），因此耶柔米稱他們為「猶太化的異端」（Judaizing heretics）。該教派堅持基督只是一個人。他們的人敘馬庫斯（Symmachus）寫了一篇關於《馬太福音》的評論，試圖從這個來源來支持他自己的不虔誠。除此之外，歐利根澈底調查一切，還增添了第五、第六和第七個版本，並將它們全部排列成欄，以便每個版本都可以與其他版本或希伯來語進行比較。他將這部作品命名為 *Exapla*。第二次，他將迪奧多蒂翁、阿桂拉和敘馬庫斯的版本與《七十士譯本》分開編排。因此，他將這項四重排列的工作稱為《四文本合參》（*Tetrapla*）。看來 *Hexapla* 應該以第一個母音送氣來讀。然而，手抄本中始終有 *Exapla* 的第一個母音具有平滑的吸氣音，在我看來，這更合適。如果你把迪奧多蒂翁、阿桂拉和敘馬庫斯加上《七十士譯本》版本到第五、第六和第七版本，就會有七欄。在希臘文中，*exaploo* 在拉丁文中具有 *explano* 的意思：「我展開」或「我使明白」。因此，它們被稱為 *Exapla* 並不是因為欄的數量，而是因為某些東西簡單且毫無隱藏地開展在我們眼前。

文本合參》（*Hexapla*），參考 Bishop of Salamis. *Panarion*, 64, 3.1translated and edited by Philip R. Amidon, (Oxford, New York: Oxford University Press, 1990), p. 214。

40 Erasmus. *Life of Origen*, translated with commentary by Thomas P. Scheck, p. 159.

┃ 結語

　　歐利根是一位勤奮好學之士，他的人如同他的名字那樣擁有堅定的意志克服各種困難以及排除所有的障礙去認識與追求基督的眞理。伊拉思謨斯的這部《歐利根的生平》對歐利根的哲學神學成績是肯定多於否定，主要的理由是他站在歐利根所處的時代環境來檢視他的成長、教養、信仰與生命經歷，並採取客觀的態度來描述他的生平和他對基督信仰的學術研究的貢獻。歐利根在伊拉思謨斯的筆下是一位擁有堅強意志堅固基督信仰的博學之士。相同地，伊拉思謨斯也是當時對歐利根最友善的神學家，以客觀的學術態度見證歐利根對基督信仰的虔誠。就伊拉思謨斯的觀點而言，使徒保羅是歐利根的典範，他的堅定信仰是來自於對使徒保羅的模仿。

▌參考書目

Bishop of Salamis. *Panarion*, translated and edited by Philip R. Amidon, Oxford, New York: Oxford University Press, 1990.

Bishop, S. William. 'Erasmus' in *The Sewanee Review*, Vol. 14, No. 2, (Apr., 1906):129-148.

Crouzel, Henri. *Origen*, translated by A.S. Worral, Edinburgh: T & T Clark, 1989.

Erasmus von Rotterdam. *Life of Origen*, translated with commentary by Thomas P. Scheck, foreword by Richard L. DeMolen, Washington, D. C.: The Catholic University of America Press.

_____. *De Libero Arbitrio Diatribh Sive Collatio*, Lateinish und Deutsch, Übersetzt, eingeleitet und mit Anmerkungen versehen von Winfried Lesowsky, Darmstadt/Deutschland: Wissenschaftliche Buchgesellschaft, 1969.

Kobusch, Theo. 'Zum Platonismus des "Christlichen Philosophen" Origenes' in *Origenes der Christ und Origenes der Platoniker*, herausgegeben von Balbina Bäbler und Heinz-Günther Nesselrath, Tübingen/Deutschland: Mohr Siebeck, 2018.

Maguire, John. B. 'Erasmus' Biographical Masterpiece: Hieronymi Stridonensis Vita' in *Renaissance Quarterly*, Vol. 26, No, 3, (1973): 266-273.

Origen. *Homilies on Ezekiel*, translation and introduction by Thomas P. Scheck, New York: The Newman Press, 2010.

Scheck Thomas. P. 'The Influence of Origen on Erasmus' in *The*

Oxford Handbook of Origen, edited by Ronald E. Heine, Karen Jo Torjesen, the UK: Oxford University Press, 2022.

Whitney, J. P.. 'Erasmus' in *The English Historical Review*, Vol. 35, No. 37, (Jan., 1920): 1-25.

阿明・孔勒教授著（Armin Kohnle）。《路德、喀爾文以及其他人：宗教改革及其結果》，羅月美譯註，臺北：五南出版社，2022 年 11 月。

馬克・愛德華斯著（Mark Julian Edwards）。《歐利根駁斥柏拉圖》，羅月美譯，臺北：五南出版社。

結　論

　　歐利根作為一位哲學神學的奠基者在教會歷史上的地位是：不論是贊成他的學說，還是反對他的主張，沒有人是可以不接觸他的理論。他與普羅丁相差大約十九歲。普羅丁的思想深受歐利根的影響，要研究新柏拉圖主義者普羅丁的思想，首先，必須先要理解歐利根的哲學神學才能真正地掌握住普羅丁的哲學。甚至連中世紀晚期的馬丁‧路德都不能忽略歐利根的學說在西方基督宗教與哲學上的貢獻。也就是說，不曾接觸過歐利根思想的學者不僅不能對西方的哲學與神學有真正的理解與掌握，更不可能理解奧古斯丁的哲學思想與新柏拉圖主義的學說，這就是他在西方教養（*paideia*）的地位的不可被取代的重要性。

　　歐利根的哲學神學充斥著柏拉圖哲學的影子，尤其是他的《駁瑟蘇斯》。因此，研究他的思想沒有接受過柏拉圖的哲學的洗鍊是不可能完成的任務。馬克‧愛德華斯在《歐利根駁斥柏拉圖》裡就這樣主張「沒有哲學知識歐利根無法被討論，沒有希臘文的知識，歐利根同樣不能被討論」[1]，這句話充分展現了哲學在歐利根的神學

---

[1]　馬克‧愛德華斯著。《歐利根駁斥柏拉圖》，羅月美譯，（臺北：五南出版社，2020 年 5 月），頁 15。

裡的必要性。即單單擁有《聖經》的知識，不能理解歐利根的思想。相同地，詮釋《聖經》卻缺乏希臘文的知識也一樣不能理解歐利根。一方面，他的思想之所以被誤會，甚至被判爲異端，其中之一的理由不外是一些聖經學者或者不具備這兩種知識或者缺少其中一種知識所造成的結果，例如：奧古斯丁由於缺乏希臘文的知識而可能導致對歐利根思想的誤解。另一方面，歐利根的學說後來被判爲異端突顯了教會極權的萌芽。

　　無可置疑的，歐利根是一位勤奮好學與虔誠的思想家，即使今天我們擁有他的著作只有少部分是希臘文原文，其餘都是分別由耶柔米與盧非努斯（大多數由盧非努斯翻譯）的拉丁文翻譯，這些的作品對哲學與神學的影響是功不可沒。對於在十七世紀興起是否有一位歐利根，還是兩位歐利根的討論，接著就延伸出是否有兩位阿摩尼烏斯（一位是新柏拉圖主義的創立者，另一位是終其一生都是基督徒）的探討。不論學術界所得出的結論爲何，從他的作品裡，我們知道他的思想深受柏拉圖哲學的影響。但他是否是一位柏拉圖主義者呢？還是如馬克‧愛德華斯在《歐利根駁斥柏拉圖》這部作品的結論所言那樣，歐利根的作品具有對柏拉圖主義者的抗體呢？我們或許可以在這裡大膽地主張，他既是一位柏拉圖主義者，更是一位緊緊跟隨耶穌的虔誠的基督徒。

參考書目

馬克‧愛德華斯著。《歐利根駁斥柏拉圖》，羅月美譯，臺北：五南出版社，2020 年 5 月。

參考文獻

希臘哲學文獻參考

Aristotles. *Die Nikomachische Ethik*, Übersetzt von Olof Gigon, neu herausgegeben von Rainer Nickel, Artemis & Winkler Verlag, Düsseldorf/Zürich, 2001.

_____. *Metaphysics*, translated by Hugh Tredennick, London/England: Harvard University Press, 1933.

_____. *Posterior Analytics*, translated by Hugh Tredennick, London/England: Harvard University Press, 1960.

Plato. *Meno*, translated by W.R. M. Lamb, London/England: Harvard University Press, first published 1924.

Plato. *Gorgias*, translated by W.R.M. Lamb, London/England: Harvard University Press, first published 1925.

_____. *Ion*, translated by W.R.M. Lamb, London/England: Harvard University Press, 1925.

_____. *Laws*, BK 1-6, translated by R. G. Bury, London/England: Harvard University Press, first published 1926.

_____. *Phaedo*, translated by Harold North Fowler, London/England: Harvard University Press, first published 1914.

_____. *Republic*, BK 1-5, edited and translated by Chris Emlyn Jones, London/England: Harvard University Press, 2013.

古典文獻參考

Augustine. *Of True Religion*, Introduction by Louis O. Mink, Translated by J. H. S. Burleigh, Chicago: Henry Regnery Company, 1968.

Augustine. *Confessions*, with an English translation by William Watt, London/English: Harvard University Press, first published 1912.

_____. 'Of True Religion' in *Augustine Earlier Writings*, edited and translated by J.H.S. Burleigh, Louisville/Kentucky: Westminster John Knox Press, 2006.

_____. *City of God*, with an English translation by David S. Wiesen, London/England: Harvard University Press, first published 1968.

_____. *On Christian Teaching*, translated with an Introduction and Notes by R. P.H. Green, New York/The US: Oxford University Press, 1997.

Bishop of Salamis. *Panarion*, translated and edited by Philip R. Amidon (Oxford, New York: Oxford University Press, 1990.

Cicero, Marcus Tullius. *Tusculan Disputations*, translated by J.E. King, London/England: Harvard University Press, 1945.

_____. *Tusculan Disputations – Also, Treatises On the Nature Of The Gods, And On the Commonwealth*, New York/the US: Harper & Brothers, Publishers, 1877.

Clement. *Stromateis*, translated by John Ferguson, Washington, D.C.: The Catholic University of America Press, 1991.

Erasmus von Rotterdam. *Life of Origen*, translated with commentary by Thomas P. Scheck, foreword by Richard L. DeMolen, Washington, D.C.: The Catholic University of America Press, 2016.

_____. *De Libero Arbitrio Diatribh Sive Collatio*, Lateinish und Deutsch, Übersetzt, eingeleitet und mit Anmerkungen versehen von Winfried Lesowsky, Darmstadt/Deutschland: Wissenschaftliche Buchgesellschaft, 1969.

Eusebius. *The Ecclesiastical History*, edited by Jeffrey Henderson, translated by Kirsopp Lake, London/England: Harvard University Press, first published 1926.

Eusebius. *The Ecclesiastical History*, translated by J.E.L. Oulton, London/England: Harvard University Press, 1932.

Eusebius. *The Church History*, translation and commentary by Paul L. Maier, Grand Rapids/Michigan: Kregel Publications, 1999, 2007.

Gregor der Wundertäter. *Denkrede an Origenes*, Griechisch Deutsch, Übersetzt von Peter Guyot, Eingeleitet von Richard Klein, Germany: Verlag Herder Freiburg im Breisgau, 1996.

Jerome. *Contra Iohannem*. http://www.thelatinlibrary.com/jerome/contraioannem.html，檢索日期：2023 年 8 月 21 日。

Jerome. *Vita Malchi*, Introduction, Text, Translation, and Commentary by Christa Gray, Oxford/the UK: Oxford University Press, 2015.

Origen. *Contra Celsum*, übersetzt von Claudia Barthold, Freiburg im Breisgau/Germany: Verlag Herder GmbH, 2012.

Origen. *On First Principles*, edited and translated by John Behr, Oxford/the UK: Oxford University Press, 2017.

Origen. *The Commentary of Origen on The Gospel of St. Matthew*, translated with Introduction and Brief Annotations by Ronald E. Heine, Vol. I, The UK: Oxford University Press, 2018.

Origen. *The Commentary of Origen on the Gospel of St. Matthew*, volume I, translated with Introduction and Brief Annotations by Ronald E. Heine, the UK: Oxford University Press, 2018.

Origen. *Homilies on Genesis and Exodus*, translated by Ronald E. Heine, Vol. 71, Washington, D. C.: The Catholic University of America Press, first paperback reprinted 2002.

Origen. *Commentary on the Gospel According to John*, Books 1-10, translated by Ronald E. Heine, Vol. 80, Washington, D.C.: The Catholic University of America Press, 1989.

Origen. *Homilies on Ezekiel*, translation and introduction by Thomas P. Scheck, New York: The Newman Press, 2010.

Plotinus. 'Porphyry On Plotinus–The Life of Plotinus' in the *Ennead* I, translated by A. H. Armstong, London/England: Harvard University Press, first published 1966, Revised 1989.

Porphyry. 'The Life of Plotinus' in *Ennead* I, translated by A. H. Armstrong, London/England: Harvard University Press, 1966.

Plutarch. *Hellenistic Lives, including Alexander the Great*, a new translation by Robin Waterfield, London/England: Oxford University Press, 2016.

St. Epiphanius. *The Panarion of Epiphanius of Salamis*, Bishop of Salamis, Frank Williams translated, Books II and III. De Fide, editors Johannes Van Oort & Einar Thomassen, Leiden/the Netherlands: Koninklijke Brill NV, 2013.

St. Epiphanius. *The Panarion of St. Epiphanius*, Bishop of Salamis, Selected Passages, Philip R. Amidon, S.J. translated, New York/Oxford: Oxford University Press, 1990.

St. Pamphilus. *Apology for Origen*, translated by Thomas P. Scheck, Washington, D.C.: The Catholic University of America Press, 2010.

現代文獻參考

Bishop, S. William. 'Erasmus' in *The Sewanee Review*, Vol. 14, No. 2, (Apr., 1906):129-148.

Cameron, Michael. 'Origen and Augustine' in *The Oxford Handbook of Origen*, edited by Ronald E. Heine, Karen Jo Torjesen, (Oxford/the UK: Oxford University Press, 2022): 461-483.

Crawford, R. Matthew. 'Ammonius of Alexandria, Eusebius of Caesarea and the Origins of Gospels Scholarship' in *New Testament Studies*, Vol. 61, issue 01, (Cambridge University Press, 2015): 1-29.

Cross, F. L. and Livingstone, E. A. edited by. *The Oxford Dictionary of the Christian Church*, Oxford/New York: Oxford University Press, 1997.

Crouzel, Henri. *Origen*, translated by A.S. Worrall, Edinburg/Scot
    land: T.&T. Clark, 1989.

Dillon, John. 'Origen and Plotinus: The Platonic Influence on Early
    Christianity' in *The Relationship between Neoplatonism and
    Christianity*, edited by Thomas Finan and Vincent Twomey with a
    forward by John J. O' Meara, Dublin/Ireland: Four Courts Press,
    1992.

Edwards, Mark. 'Ammonius, Teacher of Origen', in *Journal of Ec-
    clesiastical History*, Vol. 44, No. 2, (Cambridge University Press,
    1993): 169-181.

_____. 'One Origen or Two? The Status Questionis' in *Symbolae
    Osloenses*, Vol. 89, No. I, (Routledge Taylos &Francis Group,
    2015): 81-103.

Gemeinhardt, Peter. 'Origenes simplex vel duplex? Das Origenes
    Problem aus der Sicht eines Kirchengeschichtlers', *Origenes der
    Christ und Origenes der Platoniker*, herausgegeben von Balbina
    Bäbler und Heinz-Günther Nesselrath, Tübingen/Germany: Mohr
    Siebeck, 2018.

Hasselhoff, K. Görge. 'Revising the Vulgate: Jerome and his Jewish
    Interlocutors' in *Zeitschrift für Religions–und Geistesgeschichte*,
    Vol. 64, No. 3, (2012): 209-221.

Heidl, György. *The Influence of Origen on the Young Augustine: A
    Chapter of the History of Origenism*, The US: Gorgias Press, 2009.

Heine, E. Ronald. *Origen – Scholarship in the Service of the Church*,
    The UK: Oxford University Press, 2010.

Heine, E. Ronald. 'Origen' in *The Routledge Companion to Early Christian Thought*, edited by D. Jeffrey Bingham, London and New York: Routledge, 2010.

Horn, Christoph. *Philosophie Der Antike*, München/Deutschland: Verlag C.H. Beck, 2013.

Horn, Christoph. 'Technê' in *Wörterbuch der antiken Philosophie*, Her ausgegeben von Christoph Horn und Christof Rapp, München/ Deutschland: Verlag C.H. Beck oHG, 2002.

Kaegi, Adolf. bearbeitet von, *Griechisch-deutsches Schulwörterbuch*, Neubearbeitet von A. Clausing, F. Eckstein, H. Haas, H. Schroff, L. Wohleb, München und Leizig:Wissenschaftliche Buchgesellschaft, 2004.

Karamanolis, George. *The Philosophy of Early Christianity*, The US: Acumen Publishing Limited, 2013.

Karfikova, Lenka. 'Is Romans 9, 11 Proof For Or Against The Pre-Existence of the Soul?' in the *Origeniana Duodecima: Origen's Legacy in The Holy Land – A Tale of Three Cities: Jerusamlem, Caesarea and Bethlehem*, Proceedings of the 12th International Origen, Congress, Jerusalem, 25-29 June, 2017, edited by Brouria Bitton-Ashkelony – Oded Irshai, Aryeh Kofsky, Hillel Newman, Lorenzo Perrone, Leuven, Paris, Bristol: Peters, 2019.

Kobusch, Theo. 'Zum Platonismus des "Christlichen Philosophen" Origenes' in *Origenes der Christ und Origenes der Platoniker*, herausgegeben von Balbina Bäbler und Heinz-Günther Nesselrath, Tübingen/Deutschland: Mohr Siebeck, 2018.

Layton, Richard A.. 'Reception of Origen in the Fourth Century' in *The Oxford Handbook of Origen*, edited by Ronald E. Heine, Karen Jo Torjesen, (Oxford/ the UK: Oxford University Press, 2022): 445-460.

Loh, Yip-Mei. 'Origen on the Freedom of Choice and the Will', *Journal of National Taiwan Normal University*, Vol. 69, 2024(3):110-120.

Loh, Yip Mei and Li, Bernard. 'Ancient Philosophers in the Age of Digitalisation' in *The Philosophy of Early Christianity in The Era of Digitalisation*, edited by Yip Mei Loh, the UK: Cambridge Scholars Publishing, 2021.

Loh, Yip Mei 'On Socrates' Criticisms of Sophistic Educational Practice' in《揭諦》31,（2016）: 101-144.

Maguire, John B.. 'Erasmus' Biographical Masterpiece: Hieronymi Stridonensis Vita' in *Renaissance Quarterly*, Vol. 26, No, 3, (1973): 266-273.

Malden, R. H. 'St. Ambrose As an Interpreter of Holy Scripture' in *The Journal of Theological Studies*, Vol. 16, No. 64, (July 1915): 509-522.

Mesch, Walter. 'theôrein/theôria' in *Wörterbuch der antiken Philosophie*, Herausgegeben von Christoph Horn und Christof Rapp, München: Verlag C.H.Beck oHG, 2001.

Oliver, H. Willem. 'The heads of the Catechetical School in Alexandria' in the *Verbum et Ecclesia* 36(1), 29th July 2015, Art. #1386, 14 pages. http://dx.doi. org/10.4102/ve.v36i1.1386.

Pârvan, Alexandra. 'Augustine and Origen on the "coasts of skins"' in *Vigiliae Christianae*, Vol. 66, No.1, footnote 3, (2012): 56-92.

Ramelli, L.E. Ilaria. 'Origen and Platonic Tradition' in the *Religions* 2017, 8. 21, pp. 1-20 doi:10.3390/rel8020021. (https://www.mdpi.com/2077-1444/8/2/21, accessed dated Sept. 2021)

_____. 'Origen, Patristic Philosophy, and Christian Platonism Re-thinking the Christianisation of Hellnism', in *Vigiliae Christianae*, Vol. 63, No. 3, (Brill 2009): 217-263.

_____. 'Origen and the Platonic Tradition' in *Religions*, 8, 21, (MDPI: 2017):1-20. Rives, J. B. The Decree of Decius and the Religion of Empire, in *The Journal of Roman Studies*, 1999, Vol. 89, (1999):135-154.

_____. 'Origen in Augustine: A Paradoxical Reception' in *Nume*n, Vol. 60, No.2/3, (2013):280-307.

Rebenich, Stefan. *Jerome*, London and New York: Routledge, 2002.

Renehan, R.. 'Polus, Plato and Aristotle' in *The Classical Quarterly*, New Series, Vol. 45, No. 1, (1995): 68-72.

Rev. William Fairweather, M.A.. *Origen and Greek Patristic Theology*, England and Wales: FB &c Ltd., 2015.

Riedweg, Christoph. 'Das Origenes-Problem aus der Sicht eines Klassischen Philologen' in *Origenes der Chris und Origenes der Platoniker*, Tübingen/Deutschland: Mohr Siebeck, 2015.

Runia, T. David. *Philo of Alexandria and the Timaeus of Plato*, Leiden: E. J. Brill, 1986.

Scarre, Chris. *Chronicle of the Roman Emperors – The Reign-By-Reign Record of the Rulers of Imperial Rome*, London/the UK: Thamos & Hudson, Ltd., 1995.

Schatkin, A. Margreat 'The Influence of Origen upon St. Jerome's Commentary on Galatians' in *Vigiliae Christianae* 23, (1970): 49-58.

Scheck, Thomas P. 'The Influence of Origen on Erasmus' in *The Oxford Handbook of Origen*, edited by Ronald E. Heine, Karen Jo Torjesen, the UK: Oxford University Press, 2022.

Smyth, Weir Herbert. *Greek Grammar*, revised by Gordon M. ME, Cambridge/Massachusetts: Harvard University Press, 1920.

Trigg, W. Joseph. *Origen – The Early Church Fathers*, London/New York: Routledge, 1998.

Wallis, R.T.. *Neo-Platonism*, London: Gerald Duckworth & Company Limited, 1972.

Whitney, J. P.. 'Erasmus' in *The English Historical Review*, Vol. 35, No. 37, (Jan., 1920): 1-25.

Wilken, L. Robert. 'Alexandria: A School for Training in Virtue' in *Schools of Thought in the Christian Tradition*, edited by Patrick Henry, Minneapolis/The US: Fortress Press,1984.

van den Broek, Roelof. 'The Christian 'School' of Alexandria in the Second and Third Centuries' in *Centres of Learning: Learning and Location in Pre-Modern Europe and the Near East*, edited by Jan Willem Drijvers and Alasdair A. MacDONALD, Leiden/New York/Köln: E.J. Brill, 1995.

van den Hoek, Annewies. 'The "Catechetical" School of Early Christian Alexandria and Its Philonic Heritage' in *Harvard Theological Review*, Jan. 1997, Vol.90, No. 1 (Jan., 1997): 59-87.

中文參考文獻

克里斯多夫・霍恩（Christoph Horn）著。《奧古斯丁—哲學思想導論》，羅月美譯，臺北：五南 出版社，2020 年 5 月。

克利斯提安・洪農（Christian Hornung）撰。〈論亞歷山大學派的克雷蒙與歐利根的與神相似的及摹仿的觀念—早期基督宗教中對柏拉圖的接受〉，羅月美譯，收錄在《哲學與文化》，黎建球與克里斯多夫・霍恩（Christoph Horn）主編，第五十卷第五期，2023 年 5 月：頁 71-93。

馬克・愛德華斯（Mark Julian Edwards）著。《歐利根駁斥柏拉圖》，羅月美譯，臺北：五南出版 社，2020 年 5 月。

古斯塔夫・亞努赫著 (Gustav Janouch)。《與卡夫卡對話》(*Gespräche mit Kafka*)，林宏濤譯 臺北市：商周出版，城邦文化出版，2014 年 1 月 22 日。

羅月美撰。〈歐利根論心智〉收錄在《哲學與文化》，馬克・愛德華 斯、羅月美主編，第 48 卷，第 9 期，2021 年 9 月：頁 81-97。

羅月美撰。〈歐利根論魂的先存〉，收錄在《哲學與文化》，黎建球與克里斯多夫・霍恩主編，第 588 期，第 5 卷，2023 年 5 月，頁 113-130。

羅月美撰。「理論」，《哲學大辭書》，第六冊，新北市：哲學文化月刊雜誌社，2016 年 7 月，頁 3312-3313。

曼弗烈‧孔恩（Manfred Kuehn）著。《康德：一個哲學家的傳記》，黃添盛譯，臺北：商周出版，2005 年。

阿明‧孔恩（Armin Kohnle）著。《路德、喀爾文以及其他人：宗教改革及其結果》，羅月美譯，臺北：五南出版社，2022 年 11 月。

約瑟夫（Flavius Josephus）著。《猶太古史記》（The Jewish Antiquities），New York/the US：信心聖經神學院，2013 年 8 月初版，2016 年 1 月二版。

《新約聖經》，香港：香港聖經公會，2007 年 5 月。

人名索引

地名索引

事物索引

國家圖書館出版品預行編目資料

歐利根哲學神學導論／羅月美著.--初版.--臺
北市：五南圖書出版股份有限公司, 2024.09
面；　公分
ISBN 978-626-393-323-1(平裝)

1.CST: 歐利根　2.CST: 宗教哲學
3.CST: 神學

142.14　　　　　　　　113005940

1B3S

歐利根哲學神學導論

作　　者 ─ 羅月美

企劃主編 ─ 蘇美嬌

封面設計 ─ 姚孝慈

出 版 者 ─ 五南圖書出版股份有限公司

發 行 人 ─ 楊榮川

總 經 理 ─ 楊士清

總 編 輯 ─ 楊秀麗

地　　址：106台北市大安區和平東路二段339號4樓

電　　話：(02)2705-5066　　傳　　真：(02)2706-6100

網　　址：https://www.wunan.com.tw

電子郵件：wunan@wunan.com.tw

劃撥帳號：01068953

戶　　名：五南圖書出版股份有限公司

法律顧問　林勝安律師

出版日期　2024年9月初版一刷

定　　價　新臺幣320元

經典永恆・名著常在

五十週年的獻禮——經典名著文庫

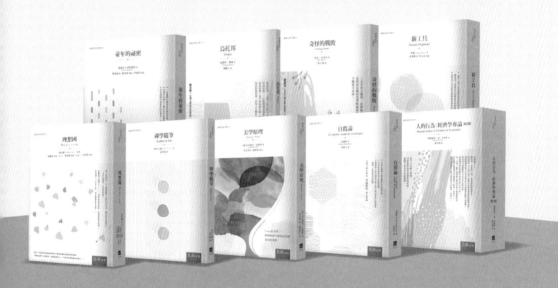

五南，五十年了，半個世紀，人生旅程的一大半，走過來了。
思索著，邁向百年的未來歷程，能為知識界、文化學術界作些什麼？
在速食文化的生態下，有什麼值得讓人雋永品味的？

歷代經典・當今名著，經過時間的洗禮，千錘百鍊，流傳至今，光芒耀人；
不僅使我們能領悟前人的智慧，同時也增深加廣我們思考的深度與視野。
我們決心投入巨資，有計畫的系統梳選，成立「經典名著文庫」，
希望收入古今中外思想性的、充滿睿智與獨見的經典、名著。
這是一項理想性的、永續性的巨大出版工程。
不在意讀者的眾寡，只考慮它的學術價值，力求完整展現先哲思想的軌跡；
為知識界開啟一片智慧之窗，營造一座百花綻放的世界文明公園，
任君遨遊、取菁吸蜜、嘉惠學子！